바로잡음

(김기태 著, 「디지털 미디어 시대의 저작권」, 도서출판 이채, 2005)

본문 81쪽의 <그림 1>과 82쪽의 <그림 2>에 대한 출처를 다음과 같이 바로잡습니다.

<前>
김기태(2000), "뉴 미디어의 기술진전과 저작권 보호에 관한 연구", 경희대학교 대학원 박사학위논문, p. 45.

<後>
윤선영(1997), "멀티미디어저작물의 저작권 보호에 관한 연구", 중앙대학교 대학원 문헌정보학과 박사학위논문, 재인용.

디지털 미디어 시대의 저작권
Copyright of Digital Media Age

국립중앙도서관 출판시도서목록(CIP)

디지털 미디어 시대의 저작권 = Copyright of digital media age /
김기태 지음. -- 서울 : 이채, 2005
p. ; cm.

참고문헌수록
ISBN 89-88621-62-X 03010 : ₩10000

011.2-KDC4
346.0484-DDC21   CIP2005002131

디지털 미디어 시대의 저작권

Copyright of Digital Media Age

김기태(金基泰) 지음

이채

* 이 책의 내용은 방일영문화재단의 지원을 받아 연구·저술되었습니다.

저작권 보호로 넓어지는 문화 콘텐트의 지평

개인적으로 '저작권'이란 미지의 세계를 탐사하기 시작한 지 십수 년이 넘었다. 그럼에도 그 미지의 영역은 더욱 빠른 속도로 연구자의 게으름을 비웃으며 넓어져만 간다. 핑계 같지만 자고 나면 생겨나는 뉴 미디어와 그것의 기술진전이 몰고 온 사회변화 때문에 저작권 관련법과 제도들이 겪는 어려움은 한두 가지가 아니다.

이른바 디지털 혁명으로 인해 모든 분야에서 급속한 변화를 겪고 있는 현대사회는 바야흐로 '정보의 상품화' 시대를 맞이하고 있다. 정보사회로 요약되는 이러한 현대사회에서는 정보 사용에 능숙하고 정보를 가공해서 새로운 정보를 생산할 수 있는 정보 활용전문가를 요구한다. 정보 활용전문가의 등장은 곧 디지털 복제혁명이 지식 분야에 몰고 온 커다란 변화 중 하나다. 이제 지식은 하나의 고정된 실체로 존재하는 것이 아니라 유통과 분배, 그리고 소비를 거쳐 우리 사회에 광범하게 빠른 속도로 전달되는 특징을 가진다. 그리하여 과거에는 전문적인 지식인의 고유영역으로 분리되었던 지식은 더 이상 지식인의 독점적 소유물이 아닌 상황으로 변하고 있다. 지식은 이제 그것이 상품화의 형태이든, 아니면 공공의 자산이든 유통망이나 지구 차원의 네트워크를 통하여 빠른 속도로 전달되며, 소비되고, 변형된다.

그러나 정보화 시대라고 해서 모든 정보를 누구든지 무상으로 사용할 수 있는 것은 아니다. 정보 자체가 부가가치를 낳는 상품으로 팔리는 것이 오늘날의 현실이기 때문이다. 반대로, 모든 정보가 상품화될 수 있는 것도 아니다. 이러한 특성에 따라 정보에 대한 '보편적 접근'이라는 이상과 '정보의 상품화'라는 현실 사이에 긴장이 발생한다. 이처럼 오늘날 급속한 변화의 소용돌이는 디지털 혁명으로 인한 뉴 미디어 기술의 급속한 진전에서 비롯된 것으로, 이미 1980년대에 이러한 매체환경의 급격한 변화를 예견하고 인쇄매체, 전파매체의 출현을 능가하는 커뮤니케이션의 '제

3의 혁명'이 시작되었다는 미래학자들의 선언대로 숨가쁜 혁명이 진행되고 있는 것이다.

한편, 이러한 디지털 혁명의 기술적·사회적 효과는 이중적이다. 먼저 긍정적인 측면은 사용자의 위상이 강화된다는 점, 그리고 정보의 독점을 막고, 중앙집권적인 체제의 붕괴를 가져오며, 이로써 다원주의가 확산된다는 점이다. 즉, 디지털 혁명은 사용자의 정보 개입과 정보 활용을 활성화함으로써 개인 사용자를 단순한 정보 소비자가 아니라 정보 발신자 및 정보 생산자의 지위로 끌어올리는 커뮤니케이션의 일대 변혁을 가져왔다. 이는 기존의 일방향적이며 일방적이었던 형태에서 쌍방향적이고 동시적인 커뮤니케이션 패러다임으로의 전환을 의미하는 것이기도 하다. 이에 따라 정보의 분산화와 탈중심화가 일어나고, 민주적인 정보체제가 확립될 가능성이 커지게 된 것이다.

반대로, 디지털 혁명이 몰고 온 부정적인 측면은 산업간 융합과정에서 거대 매체기업의 독점이 이루어져 전 지구적 차원에서 독점적 지배가 가속화하고 있다는 점이다. 그리하여 다국적 기업의 영향력이 한층 강화되고 기존의 정보 종속을 더욱 심화시키는 결과를 가져오고 있다. 바로 이러한 점 때문에 세계 여러 나라의 정부는 국가기반시설의 구축에 앞장서는 한편, 사업자끼리의 경쟁을 확대하고, 나아가 국민의 이용 증진을 위하여 관련 법규를 재검토하고, 불필요한 규제를 철폐하는 등 고심하고 있다. 그러나 매체의 발전 속도에 비추어 볼 때 법적·제도적 장치의 정비는 더디게 진행되고 있는 것이 현실이다.

저작권(copyright)은 바로 이러한 현대사회가 낳은 새로운 개념의 대표적인 경우라고 할 수 있다. 물론 법제화의 역사로만 본다면 국제적으로 상당한 전통을 갖고 있지만, 그것이 철저히 적용되고 행사되기 시작한 것은 최근의 일이며, 국제적인 규범이 마련되고 국가 사이에 중요한 협상품목으로 등장한 시기 또한 최근의 일이기 때문이다. 게다가 신기술 발달에 따른 첨단매체의 등장과 기존 매체의 변화 양상이 급박해짐에 따라 저작권의 개념에도 상당한 변화가 불가피할 전망이며, 그 적용범위 또한 애매해지고 있어서 매체의 변화에 따른 체계적인 연구가 절실히 필요한 실정이다. 사실 "뉴 미디어의 기술진전과 저작권 보호에 관한 연구"라는 주제로 박사학위논문을 정리할 때만 해도 지속적으로 연구에 매진하리라 다짐했었지만, 이후 이러저러한 사정으로 후속연구에 매달릴 겨를이 없었다.

5년여의 세월이 흐른 지금에야 연구자는 초심으로 돌아가 국내외 저작권 환경을 중심으로 날로 변화하고 있는 매체환경, 특히 뉴 미디어의 기술진전에 따라 새롭게 등장한 전자매체의 디지털화 현황을 파악함으로써 그 발전 양상에 따라 파생되는 저작권 보호상의 문제점은 무엇인지 살펴보고자 한다. 아울러 뉴 미디어의 기술진전에도 불구하고 지속적으로 적용할 수 있는 저작권 보호방안은 무엇인지 살펴봄으로써 매체기술의 발전에 능동적으로 대처하는 저작권 정책의 방향을 제시하고자 애쓸 것이다. 그 결과는 물론 전적으로 연구에 게을렀던 본인의 책임이며, 부족한 부분을 채우기 위해 더욱 노력할 것이다.

끝으로, 한동안 미루어 두었던 이 분야 주제에 대해 정리할 기회를 마련해 준 방일영문화재단과 도서출판 이채에 감사한다. 작은 힘이나마 저작권과 그것의 그늘 덕분에 풍요로워지는 문화산업의 지평을 넓히는 작업에 도움이 되기를 바라는 마음 간절하다.

2005년 10월
김기태

〈차례〉

제1장 _ **디지털 미디어와 저작권의 만남**

1. 디지털 미디어의 등장과 커뮤니케이션 패러다임의 변화[1]

(1) 아날로그에서 디지털 세상으로

인류는 전통적으로 상호 의사소통 및 정보 전달의 수단으로서 인류사에 지대한 영향을 미친 네 가지 중요한 커뮤니케이션 방법, 즉 구두언어(口頭言語), 문자, 인쇄술, 그리고 전파 및 전자매체 등을 개발하여 발전시켜 왔다. 또 이러한 각각의 매체들은 고유의 특성에 입각하여 일정한 기술과 밀접하게 연결되면서 다양한 모습으로 변천되어 왔다.

한편, 커뮤니케이션 방법의 다양한 모습은 당대의 삶의 양식과 기술의 발전 단계로부터 분리하여 논할 수 없도록 동일선상에 놓여 있다.[2] 문자는 농업중심 사회에서 집단거주지의 형성과 지식의 독점적 전수를 위한 토대로서 특수계층의 전유물인 지배수단이 되었다. 인쇄술은 문자에 의한 정보의 전달을 대량화시킴으로써 특수 지배계층에 한정되어 있던 매체커뮤니케이션을 일반계층으로까지 확산시켜 매스커뮤니케이션 시대, 즉 대중매체 시대를 열었다. 이처럼 문자와 인쇄술은 '종이'라는 물질 위에 형성되는 커뮤니케이션 기술이지만, 산업사회에서 사회적 커뮤니케이션 형태를 특징짓는 전화, 라디오, 텔레비전 등의 커뮤니케이션 수단은 비물질적인 전자장치에 의해 전달되는 비문자의 음성, 그림이라고 할 수 있다. 이들 다양한 대중매체 영역은 산업사회에서 서로 독립적으로 대중교육과 정보 전달의 기능을 수행해 왔으며, 그 기술도 독자적으로 발전해 왔다.

그러나 여기서 논의하는 뉴 미디어는 이처럼 각각의 고유영역을 확립하고

---

1) 이 부분은 한국출판학회 편, 「'99출판학연구」에 게재한 "인쇄매체의 전자화 양상에 따른 커뮤니케이션 패러다임 비교 연구"를 수정 보완한 것임.
2) 송해룡(1992), 「커뮤니케이션정책론」, 서울 : 여강출판사, p. 121.

있으면서 새롭게 발전하고 있는 양상을 의미하지 않는다. 즉, 여기서 뉴 미디어로 총칭되는 디지털화된 매체기술의 총체는 종이가 필요 없는 지식 저장형태와 기존의 각종 매체가 행하고 있던 고유의 기능을 동시적으로 결합시키고 있기 때문에 문자의 사용이나 인쇄술의 발명보다 인간의 생활양식이나 사회조직에 근본적인 변화를 일으키고 있는, 그야말로 새로운 매체를 말한다. 예컨대, 라디오와 텔레비전의 출현은 인쇄매체의 측면에서 볼 때 분명히 신종 미디어의 출현이었을 뿐 여기서 다루려는 뉴 미디어는 아니었다. 따라서 뉴 미디어는 기술적인 하드웨어(hardware) 영역뿐만 아니라 소프트웨어(software)에서도 기존의 매체(old media)와는 매우 다르지만 기능면에서는 기존 영역 위에서 그것을 대체하고 있기 때문에 붙여진 이름이라고 할 수 있다.

결국 뉴 미디어란 "컴퓨터를 매개로 하여 기존의 각종 매체별 특성을 망라함으로써 다중매체(multi-media)로 진전하면서 특히 종이와 인쇄술에 의존했던 출판, 잡지, 신문의 고유성을 대체하는 매체"를 뜻한다. 그리고 이러한 뉴 미디어가 등장함에 따라 그것의 전달양식 또한 변모함으로써 우리 인간의 커뮤니케이션 양상에도 상당한 변화를 초래했으며, 이를 단적으로 표현한다면 '기존 인쇄매체에 담았던 콘텐트[3]의 디지털화에 따른 여러 가지 변화 양상'이라고 요약할 수 있을 것이다.

(2) 패러다임의 개념

'패러다임(paradigm)'은 원래 쿤(T. S. Kuhn)이 과학철학 분야에서 사용했던 개념이다. 이 패러다임은 신념·가치·기술의 거대한 집대성을 의미하며, 그것이 과학적 연구집단 성원들에 의해서 공유된 것이라고 하였다. 이처럼 쿤이 말하는 과학적 연구집단이 공유하고 있는 '소신의 체계'로서의 패러다임은 그것에 의하여 설명이 불가능한 현상이 발견되면 새로운 패러다임에 의하여 대체

된다. 즉, 이른바 '패러다임 전환(paradigm shift)'이 이루어지는 것이다.[4] 학계에서는 이미 이러한 패러다임 논의를 커뮤니케이션 영역에 적용하여 커뮤니케이션 현상을 설명하는 모델이나 이론이 제기되어 왔다.[5] 레이놀즈(P. D. Reynolds)는 패러다임을 'Kuhn Paradigm', 'Paradigm', 'Paradigm Variations' 등의 세 가지로 나누어 설명하고 있다.

레이놀즈는 쿤의 패러다임 개념을 보다 포괄적으로 해석하여 이를 인문과학과 사회과학 영역에서도 적용할 수 있도록 재개념화했다. 그는 과학자들이 구성하려는 '새로운 이론'은 그들의 '새로운 오리엔테이션' 혹은 '아이디어'의 반영으로 보고, 그 '새로움'의 정도에 따라 이같이 세 가지로 나눈 것이다.

첫째, 'Kuhn Paradigm'은 당초 쿤이 제시한 유형으로, 현상에 대한 근본적

---

3) 콘텐트, 콘텐츠, 컨텐트, 컨텐츠 등등 다양한 표기법이 있으나 여기서는 '콘텐트'로 표기한다. 다음은 〈중앙일보〉 2005년 10월 4일자 33면에 실린 서울보건대 의료공학과 박상수 교수의 글이다.
"정보기술(IT) 관련 용어들은 신산업 분야라서 그런지 외국어를 번역하지 않고 그대로 사용하는 경우가 많다. 그러나 외국어를 그대로 사용하려면 정확성을 고려해야 한다. 우리가 흔히 잘못 쓰는 대표적 용어로 콘텐트(content)를 들 수 있다. 인터넷 콘텐트라는 표현이 많이 사용되고 있는데 이는 인터넷을 구성하는 내용물이라는 뜻이다. 많은 국내 언론에서는 내용물을 복수로 생각해 콘텐츠(contents)라는 표현을 더 많이 사용하고 있는데 이는 잘못된 것이다. 영어에서 content는 셀 수 있는 명사와 셀 수 없는 명사를 모두 표현하는데 셀 수 있는 명사인 경우 상자 안의 내용물(contents in the box)이라는 표현처럼 s를 붙여 복수로 표현한다. 그러나 인터넷 콘텐트(internet content)라는 표현에서 사용되는 내용물은 추상적인 개념이므로 셀 수 없는 명사다. 따라서 이 경우에는 뜻이 복수라 하더라도 s를 붙이지 않고 content로 표시해야 한다. 우리나라의 IT 산업을 총괄하는 정부통신부의 홈페이지에서 검색해 보면 콘텐트라는 표현이 2건, 콘텐츠라는 표현이 559건, 컨텐츠라는 표현이 296건이 검색될 정도로 정부 차원의 오용마저 심각하다.
〈중앙일보〉에서는 '콘텐트'라는 표현을 올바르게 사용하고 있어 반갑다. 국제사회에서 대한민국의 위상은 점점 높아지고 있으며 특히 IT 분야에서는 우리 기업들의 기술이 국제 표준으로 채택되는 등 IT 선진국으로서의 위치를 공고히 하고 있다. 용어 사용 하나에도 세심한 주의가 필요하다."
4) 이강수(1996), 『커뮤니케이션 패러다임 논쟁』, 서울: 나남, pp. 23~24 참조.
5) 패러다임은 엄격한 의미에서 자연과학 영역에만 적용되는 것으로서, 로젠그린(K. Rosengren)처럼 사회과학이나 인문학에서는 당초에 패러다임을 가질 수 없다고 주장하는 학자들이 많다. 따라서 이들은 커뮤니케이션 연구영역을 '준패러다임(quasi-paradigm)'에 해당하는 것으로 보고 있다. 이러한 맥락에서 기든스(A. Giddens)는 패러다임 대신 '전통(tradition)'으로, 홀(S. Hall)은 '문제(problematics)' 혹은 '시각(perspectives)' 개념을 사용할 것을 권하고 있다. 이강수(1996), 위의 책, p. 140.

인 재개념화를 나타낸다. 즉, 새로운 연구전략이나 연구방법, 새로운 해결방안, 그리고 이전의 패러다임으로는 설명할 수 없는 현상을 가리킨다. 이러한 패러다임은 이른바 '과학적 혁명(scientific revolution)'에 해당하는 것으로 '만유인력의 법칙'이나 '인류진화설'을 들 수 있으며, 사회과학 분야에서는 마르크스(K. Marx)의 사회이론이나 프로이트(C. Freud)의 퍼스낼리티 이론(personality theory) 등을 들고 있다.

둘째, 'Paradigm'은 뉴튼, 다윈, 프로이트 등의 이론과는 달리 과거의 이론보다는 혹은 과거의 이론으로부터 덜 극적으로 전환된 '새로운 아이디어'이다. 이 패러다임은 현상에 대한 개념화가 독특하게 기술되고 있지만, 세계관에 대한 극적인 새로운 오리엔테이션이 결여되어 있다. 사회과학에서 대부분의 이론이나 오리엔테이션은 이 '패러다임'에 해당하는 것으로 본다.

즉, 'Paradigm Variations'는 'Paradigm'보다 한 차원 낮은 단계를 말한다. 이것은 패러다임과 연관되어 있는 현상에 대한 기본적인 개념화는 변하지 않으나, 이를 세부적인 측면에서 수정하거나 강조한 점에서 차별화를 보이는 경우이다. 이러한 레이놀즈의 구분에 따를 경우 사회과학에서 'Paradigm Variations'는 매우 많다.[6]

여기에 따른다면 커뮤니케이션 영역에서의 패러다임은 '만유인력의 법칙'이나 '변증법적 유물론'과 같은 'Kuhn Paradigm'에 해당되지는 않는다. 근본적인 변화가 아닌 '새로운 아이디어' 단계의 'Paradigm'이나 'Paradigm Variations'에 해당한다. 따라서 이 연구에서 다루는 패러다임 역시 레이놀즈의 두 번째, 또는 세 번째 단계인 '새로운 아이디어' 개념에 해당하는 것이다.

따라서 여기서는 기존 인쇄매체와 뉴 미디어로서의 전자매체가 갖는 특성

---

6) 이강수(1996), 위의 책, pp. 24~25.

을 비교하고, 그것이 인간의 커뮤니케이션에 어떠한 변화를 가져왔는지 살피고 자 한다. 이를 위해 우선 인쇄매체와 전자매체의 철학적 및 기술적 배경에 따른 비교와 아울러 기술적 진보에 따른 커뮤니케이션 패러다임의 변화를 정리하고 자 한다.

2. 매체의 철학적·기술적 배경에 따른 비교

구어(口語) 시대에서 문자 시대로, 필사매체에서 인쇄매체로, 그리고 전자매 체로 발달해 온 과정은 커뮤니케이션 그 자체의 확장이라기보다는 커뮤니케이 션 '전달도구'의 확장이라고 볼 수 있다. 정보 제공자가 수신자에게 메시지를 전달하는 기술 자체로서 이러한 매체들을 이해할 필요가 있다. 예컨대, 인터넷 이 가지고 있는 시공간적 확장이란 곧 기술적 측면의 확장이지 의사소통, 즉 커 뮤니케이션의 확장과는 별개의 차원에서 논의될 필요가 있는 것이다.[7]

한편, 커뮤니케이션 테크놀러지, 즉 매체기술에 대한 논의의 대부분은 기술 을 어떻게 이용할 것인가, 기술이 인간에게 미치는 영향은 어떠한가라는 이해 방식의 문제이다. 즉, 기술은 중립적인가 비중립적인가의 이해 대립, 그리고 기 술의 이용 결과로 인한 비관론과 낙관론이 그 대표적인 것이다.[8] 다음에 제시 된 〈표 1〉은 테크놀러지의 발전에 따른 매체의 변화를 보여 주고 있다. 매체 종 사자나 매체 생산물의 변화뿐만 아니라 매체의 내용, 구조, 사회적인 영향에 이 르기까지 폭넓은 변화를 가져오고 있는 것이다.

---

7) 최낙진(1999), "한국 인터넷 신문의 종합정보기업화에 관한 연구—시장행위전략모델을 중심으로", 중앙대 학교 대학원 신문학과 박사학위논문, p. 32.
8) 문선영(1998), "인간과 기술에 대한 공진화(co-evolution)론적 접근—SF영화 '에일리언' 분석을 중심으 로", 중앙대학교 대학원 석사학위논문, 1998, p. 11~23 참조.

〈표 1〉 테크놀러지의 발전에 따른 매체의 변화

매체 종사자 / 매체 생산물	매체의 내용	매체의 구조	사회적 영향

긍정적
효과
	• 생산물의 품질향상
	• 생산비용의 절감
	• 생산력의 향상
	• 유연성(flexibility)의
	  증가
		• 상호작용성의 증가
		• 멀티미디어형 정보
		• 소비자 중심의 정보
		  통제
			• 탈집중화
			• 재택근무/현장근무
			  의 증가
				• 경제적인 이익
				• 풍부한 정보 제공

부정적
효과
	• 신종 직업병의 발생
	• 일자리의 감소
		• 정보비용의 증가
		• 지적재산권 보호 문
		  제
			• 매체조직의 재정비
			  필요성 증가
				• 프라이버시 문제
				• 정보격차/정보의
				  부적응 문제

* 출처 : John V. Pavlik(1996), *New Media Technology—Cultural and Commercial Perspective,* Boston : Allyn and
Bacon, p. 5.

여기서는 인쇄매체와 전자매체의 매체철학적 배경에 어떤 차이가 있는지
살펴보기 위해 기술에 대한 인식론적 배경, 매체공간에서의 주체(subject)의 문
제, 그리고 매체공간에 대한 생태학적 논의 등을 중심으로 살펴보고자 한다.

(1) 인쇄매체

인쇄매체의 원형은 출판 분야에서 비롯되었다. 베일리(H. S. Bailey)는 인쇄
와 출판의 관계에 대해, "인쇄(printing)는 건축과 마찬가지로 봉사의 예술이다.
인쇄는 출판에 봉사하고, 출판은 문명에 봉사한다"[9]고 하였다. 이 말은 곧 인쇄
술이 단순히 출판활동에만 국한되는 것이 아니라 문명진보의 주요 조건으로 기
능한다는 사실을 강조한 것이다.

결국 인쇄는 인류의 문화를 건설하기 위하여 출판을 포함한 인쇄매체에 봉
사하는 수주산업으로 그 공정이 예나 지금이나 매우 복잡하여, 인쇄를 정의한

---

9) Herbert S. Bailey(1970), *The Art and Science of Book Publishing,* Austin: University of Texas Press, p.
195.

다는 것은 손쉽지가 않다. 그러나 인쇄의 목적이나 내용으로 보아 다음과 같이 정의할 수 있다.

> 인쇄는 직접 또는 간접으로 지식·정보·경험 등 인류의 정신문화를 담은 원고를 보다 빨리, 다량으로, 싸고 정확하게 전달·보존할 목적으로 판을 개입하여 종이, 그 밖의 피인쇄체 위에 색재(色材)로 문자·사진 등을 인상(印象)하는 행위이다.[10]

이처럼 매체의 복제행위에 있어서 활자의 사용은 전달 내용을 정확하고도 동일하게 표현할 수 있는 기술을 앞당겼다. 따라서, 내용의 분량, 내용의 조직과 배열, 내용체제의 통일성, 매체 규격의 통제는 물론, 그 보급과 보존 등의 능률성 측면에서 새로운 영역을 열었다.[11]

활자와 인쇄술이 실현된 최초의 증거는 한국과 중국에서 찾을 수 있다. 한국에서는 751년 경의 것으로 믿어지는, 조판(雕版)[12]에 의한 인쇄현물인『무구정광대다라니경(無垢淨光大陀羅尼經)』이 1966년에 발견되었다. 또 1234년 경에는 최초로 금속활자를 써서『고금상정예문(古今詳定禮文)』50부를 인쇄했다는 문헌근거가 있다.[13]

그런데 동양의 복제범위는 주로 전래관습과 그 옛일을 통한 수양법(修養法)을 다룬 독경수단(讀經手段)이 많았다. '생활의 교육'이 아닌 '심성(心性)의 교육'을 중시했기 때문이다. 그래서 옛적의 교육기관도 글방 또는 서당(書堂), 서원(書院)이라 하여 서적을 배우는 곳이 곧 학교를 의미하고 있을 정도였다.[14] 따

---

10) 오경호 편저(1989),『印刷커뮤니케이션入門』, 서울 : 범우사, p. 44.

11) 이종국(1995), "출판본질론", 범우사기획실 편,『출판학원론』, 서울 : 범우사, p. 83.

12) 나무판에 문자를 새김. 또는 문자가 새겨진 나무판(木板·木版). 이러한 판을 각판(刻版), 침판(鋟版)이라고도 한다. 천혜봉(1993),『韓國書誌學』, 서울 : 민음사, p. 73.

13) 李奎報,『東國李相國集後集』, 卷十一 新印詳定禮文跋序, 代晉陽公行.

라서, 서적은 '숭고한 가치' 그 자체였으며, 스승의 위치에 자리한 권위주의적 존재였다. 그러므로 서적의 상업적인 거래나 유통행위는 쉽게 이루어지지 않았으며, 더구나 이윤 추구로서의 서적 출판행위와는 거리가 멀었다. 긍정적으로 말하여, 특별한 숭서이념(崇書理念) 때문이었다고 볼 수 있다. 책은 상품적인 거래를 떠나 정신적 가치의 '결정판'으로서 귀한 존재였던 것이다. 이러한 이념은 결과적으로 인쇄기술을 기업 또는 상업적으로 응용, 발전시키는 것으로부터 벗어나게 된 요인으로 작용하였다.[15]

이에 반하여 유럽을 비롯한 서양 사회에서는 구텐베르크(Johannes Gutenberg)에 의한 활자개발과 그 인쇄술 발명에 힘입어 복제술의 탁월한 생산성을 그들의 커뮤니케이션 활동에 끌어들였다. 그들은 양피지(羊皮紙; parchment)의 비경제성과 비효율성을 분석하였으며, 동양에서 건너간 종이에 성서(聖書)를 복제하고 작가들의 작품을 복제하였다. 구텐베르크의 영향은 마침내 정보의 대중적 공개를 촉구하게 되었으며 나아가 전문출판인, 서적상 등의 자본주의적 전문기업가들도 탄생을 보게 되었다.[16]

물론 인쇄술이 서구 사회의 문명에 미친 영향 또한 막대한 것이었다. 아이젠시타인(E. L. Eisenstein)은 이에 관하여 다음과 같이 기술하고 있다.

인쇄술은 텍스트의 생산과 배포, 사용되는 상황 등에 변화를 초래하기는 했으나, 그것은 필사(筆寫)문화의 산물을 없애 버린 것 때문이 아니라 과거에는 도저히 생각도 할 수 없을 만큼 대량으로 재생함으로써 초래된 변화였다. 필사문화가 시대에

14) 이종국(1995), "韓國의 敎科書出版과 敎科書出版政策(The Textbook Publishing and the Textbook Policy of Korea)", 제7회 국제출판학술회의 주제발표 논문, 필리핀 : 마닐라, p. 1.

15) 이종국(1995), "출판본질론", 범우사기획실 편, 앞의 책, pp. 84~85.

16) 이종수(1993), "출판문화의 생성과 변천", 이종수·임동욱 외, 『현대사회와 출판』, 서울 : 도서출판 말길, pp. 95~98 참조.

뒤떨어지는 한편, 그 상황을 반영하는 텍스트가 점점 더 많이 나타났으며, 다른 시대에 나타나는 또 다른 정신이 때를 같이하여 탄생되었다.[17]

이처럼 아이젠시타인은 인쇄술의 발명이 유럽에 있어서 르네상스와 종교개혁에 미친 영향이 큼을 설명하고 있다. 물론 전적으로 인쇄술 때문에 유럽의 획기적인 변화가 가능했다는 것이 아니라 점진적으로 진행되어 오던 변화의 기운이 인쇄술과 합쳐지면서 그 변화에 가속도가 붙었다는 뜻이다.

한편, 맥루한(M. McLuhan)은 "미디어는 곧 메시지"라고 주장한다. 이 명제는 맥루한 이론의 전반에 걸쳐 일관되게 나타나고 있으며, 특히 인류문명과 역사 발전과정을 여기에 근거해서 설명한다. 그는 메시지란 어디까지나 "매체를 통해서 전달되는 내용"이라고 이해하고 있는 일반적인 상식을 거부한다. 달리 말하면 테크놀러지와 직결되는 미디어 자체가 그 내용인 메시지보다 더 중요하다는 뜻을 내포하고 있다.

또한 맥루한은 매체라는 개념을 단순한 매스미디어에 국한시키지 않고 훨씬 넓은 의미에서 인간이 만들어 낸 모든 도구나 기술까지도 포함하고 있다. 즉, 인간의 신체 및 감각기관의 기능을 확장한 것은 모두 매체라고 보고 있는 것이다. 따라서 자동차는 다리의 확장이며, 문자는 시각의 확장, 의복은 피부의 확장, 전자회로는 중추신경의 확장으로 보고 이를 모두 매체라고 부른다.

결국 문제가 되는 것은 매체가 전달하는 내용이지 매체 자체는 아무런 영향력이 없다는 종래의 이론에 정면으로 도전한 셈이다. 그리하여 매스미디어의 내용도 그것을 전달하는 매체의 테크놀러지와 분리해서 생각할 수 없으며, 실제로 인간이나 사회에 영향을 미치는 것은 그 내용이 아니라 매체라는 점을 강

---

17) Elizabeth L. Eisenstein(1983), *THE PRINTING REVOLUTION IN EARLY MODERN EUROPE*, New York: Cambridge University Press, pp. 113~114.

조하고 있다. 모든 매체는 그 내용이 인간생활에 영향을 미치기 이전에 그 매체 자체가 인간이나 사회에 영향을 미치고 있다는 것이다. 그러면서도 매체의 효과가 그 내용에 의해 보다 강화된다는 점을 부정하지는 않는다.

또한 맥루한은 모든 미디어의 내용은 항상 또 다른 하나의 미디어가 된다고 한다. 즉, 필기(writing)의 내용은 연설(speech)이고 인쇄물의 내용은 거기에 씌어진 말(written word)이며 전신(電信)의 내용이기도 하다. 연설의 내용은 실제의 사고과정(actual process)이며, 그 과정 자체는 비언어적이라는 것이다. 따라서 인간의 상호관계와 행위를 형성하고 통제하는 것은 매체 자체라고 강조하고, 매체의 내용에 너무 관심을 기울인 나머지 매체 자체의 특성이나 중요성을 지나쳐서는 안 된다고 주장한다. 매체 자체는 그것이 전달하는 내용의 영향을 받지 않는다는 것이 그 이론의 특색이며 난해한 점이기도 하다.[18]

이러한 인쇄매체의 특성은 다음과 같이 요약될 수 있다.[19]

첫째, 인쇄매체는 인간의 눈에 호소하는 수단으로, 눈과 귀에 호소하는 시청각매체에 비하여 기호에 의한 제약성이 많다는 점이다. 인간의 각 연령단계에 맞는 지적 수준을 가진 눈, 즉 문자의 해독력, 그림이나 사진의 감상력이 요구되는 것이다. 따라서 수용자의 참여성(participationality)은 아주 폭이 좁은 것으로 나타나 있다.

둘째, 인쇄매체는 다른 매체에 비하여 지속성(permanence)이 높다는 점이다. 물론 수용자의 취미나 기호에 따라 메시지 내용을 받아들이는 수준의 차가 있어 각각의 지속성이 다르겠지만, 오래 두고 이해될 때까지 충분히 보는 것이 인쇄매체의 특징이다. 반면에 시청각매체는 기계작동에 의해 화면이나 브라운관에 주사(走査)되므로 일과성(一過性)이 높다.

---

18) M. McLuhan(1994), *Understanding Media—The Extensions of Man*, Cambridge: The MIT Press.
19) 오경호 편저(1989), 앞의 책, pp. 29~31 참조.

즉, 인쇄매체는 휴대와 보관이 용이하기 때문에 수용자가 시간적 여유를 두고 형편과 필요에 따라 메시지를 선택해 가며 볼 수 있다. 한 페이지, 한 장, 한 편, 한 권 또는 특정 지면 등 수용자의 지적 수준에 맞추어 다양한 독서방법을 선택하여 필요에 따라 정신적 여유를 누릴 수 있다는 점에서 재독가능성 (reviewability)이 높다고 할 수 있다.

(2) 전자매체

인터넷을 포함한 전자매체는 구어적(口語的) 단계와 인쇄적 단계, 그리고 아날로그 단계와 구분되는 디지털 단계로서의 커뮤니케이션 매체다.[20] 이러한 특성에 주목, 최근의 정보통신기술의 발달을 사회과학자들은 '컴퓨니케이션 (compunication)'이라는 조어(造語)로 개념화하기도 한다. 컴퓨니케이션이란 컴퓨터와 커뮤니케이션의 합성어로서, 컴퓨터라는 고도의 정보처리기기가 보편화하는 동시에 통신기술과 접목되어 커뮤니케이션 도구로 기능이 전환되는 것을 말한다.

이 같은 기술 발달에 주목하여 새로운 커뮤니케이션 모델을 제안하기도 한다. 즉, 그동안 커뮤니케이션 연구의 기본적인 분석틀 중 하나로 인식돼 온 'S-M-C-R-E' 모델에서 수용자(Receiver)의 개념이 이제는 사용자(또는 이용자로서의 User)의 개념으로 전환됐으며, 이러한 'S-M-C-U-E' 모델에서 사용자는 송신자(Sender)의 역할도 동시에 수행할 수 있게 됨으로써 기존 모델로는 더 이상 전자매체 환경에서의 패러다임을 적절하게 설명할 수 없다는 것이다.[21]

커뮤니케이션 기술은 일반기술과는 근본적으로 다른 차별점을 갖고 있다.

---

20) 라도삼(1997), "가상공간(cyberspace)에서의 주체(subject)의 형태 변화에 대한 연구", 중앙대학교 대학원 박사학위논문, pp. 94~100 참조.
21) 윤준수(1998), 『인터넷과 커뮤니케이션 패러다임의 대전환』, 서울 : 커뮤니케이션북스, pp. 137~138 참조.

하부체제 중 하나인 커뮤니케이션 기술은 사회의 각 하부체제를 연결하는 상호
작용과 문화전승이라는 본래적 기능을 갖고 있는 동시에 인간의 정신세계에 영
향을 미친다는 점에서 개인과 사회에 급격한 변화를 일으킨다. 매체의 내용은
그 사회와 문화의 산물인 동시에 생산자라는 관계 등에 영향을 끼치기도 하고
받기도 한다. 매체의 내용물은 그 자체가 인격의 표현수단이며 삶을 표현하는
예술의 형태로서 인간본성의 하나인 커뮤니케이션 수단으로 자리하고 있는 것
이다.[22] 따라서 커뮤니케이션 전달수단인 매체는 단순한 기술적 산물이 아니라
의사소통의 매체이므로 기술과 인간과의 상관관계가 고려되지 않으면 안 된
다. 즉, 커뮤니케이션 매체로서 전자매체에서 우리가 주목해야 할 것은 '전달
도구' 그 자체가 목적이 되지 않고 인간 본래의 존엄성을 위한 수단으로서 자리
매김해야 한다는 것이다.[23]

한편, 전자매체는 그 과정이 근본적으로 가상공간(cyberspace)에서 이루어
진다는 특성을 갖는다. 가상공간이란 컴퓨터와 컴퓨터가 네트워크를 매개로
이루어 내는 사회적 공간을 말한다. 즉, 컴퓨터 네트워크에 의하여 '현실세계
(real world)'가 아닌 '가상(virtual)'의 공간영역이 창출되고 있는 것이다.[24] 기
존에 우리가 인식하고 있던 세계는 물질을 기본으로 하는 '아날로그'의 세계였
다. 반면에 네트워크화된 컴퓨터에서 인식하는 세계는 불연속과 단절을 기초
로 한 이원방식(binary pattern)의 '디지털' 세계로 컴퓨터를 통해서만 인식할
수 있는 새로운 차원의 세계이다.[25] 디지털 세계에서는 물질이 아닌 '비트(bit)'
를 기본단위로 삼는 까닭에 여기에서는 모든 것이 비트로 전환된다.

이처럼 전자매체가 추구하는 가상공간이란 '비트'와 '네트'의 결합으로 이

---

22) 최창섭(1985), 『미디어 교육론』, 서울 : 나남, pp. 15~18 참조.
23) 최낙진(1999), 앞의 논문, p. 35.
24) 라도삼(1997), 앞의 논문, p. 4.
25) 손용(1989), 『현대방송이론』, 서울 : 나남, pp. 84~85.

루어진다. 즉, 컴퓨터 테크놀러지를 매개로 하여 커뮤니케이션이 형성되는 사회적 공간이 바로 가상공간인 것이다. 특히 인터넷은 전 세계를 통합된 네트워크로 구성하고 있는 하나의 거대한 가상공간이다. 오늘날 인터넷은 전 세계적인 네트워크를 모두 포괄하여 전 지구적으로 연결된 망을 따라 가정과 직장에 있는 수많은 개인용 컴퓨터 이용자들을 가상공간으로 끌어들인다. 가상공간으로서 그곳은 하나의 장소이지만 무제한적 공간인 셈이다. 또한 가상공간은 탈중심화된 공간으로 중심이란 존재하지 않는다. 이처럼 중심을 상실한 비트들이 흐르는 곳이 바로 '네트(net)'이다. 고도의 상호작용성을 바탕으로 이동하는 네트의 공간은 순간적인 '빛의 속도'와 같은 비트의 교환이 이루어질 뿐이다. 네트의 공간에서는 특별한 중심점이 따로 존재하지 않는다. 즉, 절대적인 송신자와 절대적인 수신자를 전제하지 않는 정해진 중심이 존재하지 않는 탈중심화된 공간이라고 할 수 있다.

이러한 가상공간에서는 근대적 형태의 공간이라고 할 수 있는 시간적 공간과 국가로 대표되는 공간적 공간의 경계가 사라지게 된다. 시간과 거리의 한계로부터 완전히 이탈된 공간은 시간을 기본단위로 하여 공간을 나누던 근대적 공간의 원칙이 무너지게 되는 것이다. 국가장치에 의해 포섭되었던 영토화된 공간의 실체도 존재하지 않는다. 오직 사이버타임(cybertime)만이 실시간으로 작용하게 되며, 오직 네트만이 가상공간의 영토일 뿐이다.[26] 가상공간은 한마디로 근대적 공간으로부터 이탈된 탈근대적 공간의 영역으로서, 탈물질화되고 탈중심화되고 탈영토화된 공간으로 구성되어 있다고 하겠다. 이러한 가상공간에서의 인식과 지식의 체계는 현실의 공간에서와는 다를 수밖에 없다. 즉, 기존의 인식과 사고의 질서에 커다란 변화가 생겨나게 되는 것이다. 이와 같은 담론

---

26) 라도삼(1997), 앞의 논문, pp. 199~200.

체계의 변화 속에서 인간주체는 달리 설정될 수가 있다.[27]

　이와 같은 가상공간의 탈물질화 성격으로부터 주체의 형태 또한 탈물질화된다. 즉, 비트가 '사람'을 대신하게 되는 것이다. 가상공간에서의 주체란 단지 비트의 형태로 전환된 가상주체에 불과하게 된다. 인간은 탈물질화된 비트와 마찬가지로 그를 가두던 물리적인 공간의 한계나 구조의 질서로부터 자유롭게 이탈하여 네트의 공간을 떠다닌다. 그를 가두던 육체에 대한 기록, 즉 사회적 신분, 계급적 위치, 성, 인종과 국가, 민족 등 그 어떤 것도 존재하지 않는다. 다만, 가상공간에서 주체는 끊임없는 접속과 단절을 통하여 스스로를 재구성해 나갈 뿐이다. 이제 가상공간에서 주체는 비트의 형태로 재현되며, 그를 대신하는 것은 ID이다. ID가 그가 거주하는 곳이고 그가 존재하는 곳이다. ID를 통해서만 가상공간에서 인간은 자신을 말할 수 있으며, 자신을 표현할 수가 있다.[28] 탈근대적인 가상공간의 탄생과 더불어 자기정체성(self-identity)을 확인할 수 있는 인격체로서의 주체는 사실상 사라졌다. 탈근대적 가상공간의 탄생과 더불어 주체의 시대는 가고 네트의 공간을 떠다니는 탈주체의 시대를 맞고 있는 것이다.[29]

　한편, 복제기술의 발달에 따라 제기되는 문제점 가운데 주목해야 할 것은 벤야민(W. Benjamin)이 제기했던 '아우라의 상실' 문제이다. 원래 벤야민이 표현하고자 했던 것은 사진술이나 영화 등과 같은 복제기술이 예술작품의 가치에 미치는 영향이었다. 이때 '아우라(aura)'란 예술작품이 향유하는 역사적 유일성과 진품성을 가리킨다. 그러므로 아우라는 사물의 '유일성'을 구성하는 어떤 '거리'이다.[30] 이것은 물론 두 지점 사이에서 성립하는 간격이나 분리의 거

---

27) 최낙진, 앞의 논문, pp. 36~37.
28) 라도삼(1997), 앞의 논문, pp. 196~203 참조.
29) 최낙진(1999), 앞의 논문, p. 37.

리를 말하지 않는다. 그것은 사물이 자신의 개별성 속에서 현상할 때 그 현상작용 자체 안에서 조성되는 원근(遠近)이다. 아우라로서 현상하는 사물의 내재적 거리는 계량적 거리의 가까움과 무관하게 경험된다. 그러나 그것이 예술작품이든 아니든 정밀한 기술에 의하여 다량으로 복제되고, 이 복제품이 진품과 실재(實在)를 대신하는 그런 시대가 되었다. 이처럼 기술적 복제품이 진품을 대신하는 정보 시대의 '아우라의 상실'은 "사물을 공간적으로나 인간적으로 좀 더 가까이 두려는" 대중들의 욕구에서 비롯된다.[31]

현대의 복제기술은 바로 이러한 대중의 욕구, 즉 '가까이 두고자 함'의 욕구를 만족시킨다. 예술작품은 복제기술을 통하여 뮤직홀, 박물관, 사원으로부터 나와 도시의 대중 속으로, 대중과 가까운 도처에서 전시되고 소비된다. 그러나 예술작품은 복제기술의 매개로 대중과 가까운 '거리'에 나아가지만, 그것은 아우라의 상실이라는 대가를 치르게 된다. 작품과 사물은 대중과의 물리적 거리로부터 해방될 때 자신의 내면적 신비를 창출하는 또 다른 의미의 '거리'마저 잃어버리고 마는 것이다.[32]

물론 새로운 매체는 옛 매체들을 원래의 자리, '예술'의 자리로 돌려놓을 뿐 그것들을 폐기하지 않는다. 인쇄가 쓰기를 대체하지 않았으며, 쓰기가 이야기를 없애지 않았다. 영화가 연극을 사라지게 하지 않았고, 텔레비전 이후에도 라디오는 고유의 영역에서 기능하고 있다. 새로운 매체들은 옛 매체들에게 그것의 고유한 기능을 되찾도록 강제할 뿐이다. 사이버스페이스, 즉 가상공간도 사정은 마찬가지이다. 그리하여 사이버스페이스 혹은 디지털 시대의 추상성, 가상성은 근본에 있어서 인간의 생물학적, 역사적 본성에 마주 서는 것이다. 동물

---

30) 김상환(1998), "매체와 공간의 형이상학", 김상환 외, 『매체의 철학』, 서울 : 나남출판, p. 37.

31) W. Benjamin, 차봉희 역(1980), 『현대사회와 예술』, 서울 : 문학과지성사, p. 54.

32) 김상환(1998), "매체와 공간의 형이상학", 위의 책, pp. 37~38.

로서의 인간은 본성상 세계적이라기보다는 지역적인 존재이다.

우리들의 정체성은 우리가 살고 있는 장소, 문화의 세세한 면면에 의하여 만들어진 것이다. 그렇기 때문에 삶의 물리적, 생물학적, 역사적 측면은 자기 인식의 근원이며, 인간이 갖는 모든 정보의 근원이 된다. 그 세계로부터의 정보들, 느리고 난해하며 2진 부호로 압축할 수 없는 정보들, 유전자 코드를 통하여 면면히 이어지는 정보들—사이버스페이스가 정말 환기시켜 주는 것은 그것들의 자리, 가치다.[33]

3. 기술의 진보에 따른 커뮤니케이션 패러다임의 변화 양상

인쇄매체의 역사가 우리나라에서 최초로 금속활자를 발명한 시기로 보면 무려 7백 년 이상, 구텐베르크의 인쇄술 발명을 기점으로 삼아도 5백 년 이상 되었다면 PC통신과 인터넷으로 대표되는 전자매체는 그야말로 비교가 되지 않을 만큼 짧은 역사를 갖고 있다. 그러나 그 파급효과에 있어서는 역사의 장구함과는 반대로 전자매체에 의해 주도되고 있으며, 인쇄매체는 첨단 정보기술과 결합하여 새로운 매체로 거듭나거나 점차 그 입지를 잃어 가고 있는 형국이다. 커뮤니케이션 패러다임 영역에서 인터넷에 주목하는 이유는 인터넷의 출현으로 커뮤니케이션 환경이 크게 변하였기 때문이다. 인터넷은 디지털 기술을 기본으로 하여 운영되는 커뮤니케이션 시스템이다. 이 디지털 기술은 정보통신 분야의 융합화 현상을 촉진하고 있다. 한마디로 새로운 인터넷 비즈니스가 속속 탄생하고 있는 것이다.

---

33) 이봉재(1998), "컴퓨터, 사이버스페이스, 유아론—사이버스페이스의 철학적 의미", 김상환 외, 앞의 책, p. 202.

(1) 기술적 환경의 차이

인쇄매체와 전자매체가 구분되는 출발점은 전자매체의 기술적 특성으로 인해 네트워크가 제공하는 환경이 기존의 매체환경과 비교하여 완전히 새로워졌다는 데에 있다. 커뮤니케이션 매체로서의 전자매체가 갖는 특성 또한 크게 달라져서 인쇄매체가 기존의 생산과 유통방식을 벗어나 전자매체의 한 부분으로 융합되고 있다. 그리하여 이러한 결합은 기존의 인쇄매체가 갖고 있는 고유한 성격을 바꾸어 놓게 되었다. 즉, 인쇄매체가 문자공간의 상품이라면 전자매체는 디지털·네트워크 공간에서의 상품에 해당하는 것이다.

따라서 전자공간에서의 전자매체와 문자 공간에서의 인쇄매체는 정보의 생산, 가공, 분배되는 과정에 있어서 질적 차이가 존재할 수밖에 없다.

1) 디지털화의 개념과 특성

디지털이란 아날로그 메시지를 전기적으로 전송·처리·저장할 수 있는 펄스(pulse) 신호로 바꾸는 기술이다.[34] 메시지를 디지털 형태로 처리하면 문자와 음성, 그리고 동화상(動畵像)으로 되어 있는 메시지를 결합, 재결합시킬 수 있게 된다. 이러한 디지털 세계에 대해 네그로폰테(N. Negroponte)는 '비트'를 들어 설명한다.[35] 그는 정보화 시대의 비트가 하는 역할은 생명체의 DNA가 하는 그것과 같다고 말한다. 즉, 이전의 세계가 물질을 기반으로 한 고정적인 원

---

34) 디지털 방식의 기술적 원리는 크게 신호 전송방식과 속도로 나누어 볼 수 있다. 디지털 방식이란 전압의 개폐기를 이용하여 끊고 잇는(on/off) 이분법 방식을 연속하여 신호로 전송하는 것이다. 모든 디지털 신호는 단지 2개의 on/off 상태로만 구분되어 있기 때문에 전송과정에서의 왜곡 현상을 최대한 막을 수 있어 원래의 신호가 그대로 전송되는 장점이 있다. 더구나 신호가 아무리 약하더라도 결국 그것은 on이나 off 상태이기 때문에 그 자체가 원래의 정보가 되는 것이다. 따라서 디지털 방식이란 화상, 그래픽, 문자, 음성 등 모든 정보들이 0과 1로 처리되는 신호 처리방식을 의미한다. 손용(1986), 『텔레커뮤니케이션론』, 서울: 세영사, p. 111.

35) N. Negroponte, 백욱인 역(1996), 『디지털이다』, 서울: 커뮤니케이션북스.

자(atoms)와 아날로그(analogue)의 세계였다면 지금과 앞으로의 세상은 가변적인 비트(bit)와 디지털(digital)의 세계라는 것이다. 이것은 인간생활이 더 이상 현실공간에서 이루어지지 않고 전자(가상)공간에서 실현될 것임을 가리킨다. 아울러 그는 아톰에서 비트로 이행하는 디지털 혁명의 사회문화적, 경제적 효과를 이야기한다. 전자신문과 같은 매체는 바로 디지털의 기술적 특성 덕분에 탄생한 커뮤니케이션 매체라고 할 수 있으며, 이러한 전자매체들이 앞으로는 매체산업의 재구조화와 함께 기존의 인쇄산업과 통신산업, 방송산업과 융합하는 결과를 낳게 될 것이라고 예견한다.

이렇듯 엄청난 변화의 소용돌이를 몰고 온 디지털 기술의 특성은 다음과 같다. 이는 곧 인쇄매체와 전자매체가 구별되는 특성이기도 하다.

첫째, 디지털은 정보를 정확하게 전달하고 재생할 수 있다. 기존의 아날로그 방식은 전기적 신호의 강약에 의하여 전달되고 재생하는 방식이어서 전달과정에서의 정보의 손실과 잡음(noise)의 발생을 제어할 수 없었지만, 디지털 신호는 원래의 신호를 그대로 복제하여 재생하기 때문에 정교하게 오류를 제거할 수 있다.

둘째, 검색하기가 매우 쉽다. 디지털 정보는 정보의 내용을 설명하여 주는 비트의 비트를 지니고 있다. 이 비트의 비트는 정보의 내용을 함축하는 단어나 제목일 수도 있고, 내용목록을 담고 있을 수도 있다. 이 비트의 비트를 잘 이용하면 정보를 받는 사람은 원하는 정보만을 선택적으로 검색할 수 있다. 인쇄매체와 전자매체가 그 기능적인 면에 있어서 크게 구별되는 점 또한 바로 검색기능일 것이다. 만일 이러한 기능이 전자매체에서 실현될 수 없었다면 디지털 혁명은 가능하지 않았을 것이다.

셋째, 모든 정보를 손쉽게 혼합할 수 있다. 디지털 정보를 구성하는 비트는 쉽게 혼합되는 속성을 가지고 있다. 즉, 음성·영상·문자정보를 혼합하여 이를 한꺼번에 처리할 수 있어 멀티미디어화가 가능한 것이다.

넷째, 정보 저장과 압축이 가능하다. 디지털은 음성·영상·문자정보를 무한정으로 저장할 수 있으며, 저장된 정보를 선택적으로 검색하여 사용할 수 있게 해 준다. '압축'이란 필요 없는 정보를 제거하여, 전달하는 자료의 전체적인 양을 축소하는 기술을 말한다. 압축기술은 해마다 눈부시게 발전하고 있으며, 음성과 화상정보를 압축하는 데도 활발하게 이용되고 있다. 이러한 디지털의 저장과 압축기술은 모든 정보의 데이터베이스(database)화를 가능하게 해 준다. 바로 이 점이 또한 전자매체가 가지는 장점이다. 전자매체는 곧 데이터베이스산업이라고 할 수 있을 정도로 정보의 데이터베이스화는 부가가치의 확대에 기여하는 것이다.

다섯째, 디지털은 하나의 선(line)에 모든 것을 다 모을 수 있는 특징을 가지고 있다. 디지털 기술과 함께 발달한 광섬유 기술에서 기인한 특성으로, 디지털은 속도와 범위의 광대함에도 불구하고 광섬유 라인의 극도로 작은 공간만을 사용한다. 즉, 모든 정보가 쉽게 디지털화된다면 각각 다른 형식의 전송을 위하여 별개의 네트워크가 더 이상 필요하지 않게 되는 것이다. 따라서 광섬유 라인에는 무한대에 가까운 공간이 남아 있게 된다.

2) 네트워크화의 개념과 특성

현대사회는 더욱 더 빠른 흐름과 유통 속에서 구축된다. 네트워크(network)란 자본, 정보, 기술, 이미지, 음향, 상징 같은 모든 분야에서 조직적 상호작용을 왕성하게 이루어 낸다. 정보 네트워크의 목적은 지식이나 정보의 원활함을 통하여 보다 나은 자본생산성과 경영 성과를 성취하기 위한 생산과 조직활동망을 구축하는 데 있다. 즉, 네트워크는 기존의 장소공간 개념(space of place)을 흐

〈표 2〉 인쇄매체와 전자매체의 수용자 비교

구분	전자매체	인쇄매체
주 소비주체	인터넷 이용자(netizen)	독자(reader)
소비행위	선택적 소비	일방적 소비
생산과정에 참여 가능성	많음	적음
운동형태	사전 적극적 대응	사후 비판적 대응

름공간(space of flows)의 개념으로 바꾼다.[36]

이러한 흐름의 네트워크는 커뮤니케이션에 의하여 모든 자본활동을 조정하며, 생산·분배·경영의 단위들과 기능들을 적당한 곳에 분산시키며, 구조화할 수 있다. 이제 네트워크 기술로 인한 공간이동 능력은 기업경쟁력에 필수요소이며, 그 경쟁은 기술혁신에 따른 공간장벽의 제거로 이끌게 한다. 이처럼 인터넷의 급격한 발전을 가능하게 했던 요인으로 월드 와이드 웹(World Wide Web)의 등장을 들 수 있다. 이것의 등장은 다음과 같은 두 가지 면에서 의미를 지닌다.

첫째, 새로운 환경이 구축되었다는 점이다. 즉, 기존의 인터넷 확산에 있어서 가장 큰 장애 요인이었던 UNIX 중심의 사용자 환경에서 탈피하여 누구나 손쉽게 사용할 수 있는 유저 인터페이스(user interface) 환경을 구축하게 된 것이다.

WWW의 대표적인 검색프로그램(browser)인 마이크로소프트 익스플로러(Explorer)나 넷스케이프(Netscape) 등은 기본적으로 GUI(Graphic User Interface) 환경을 제공하여 윈도에 익숙한 많은 이용자들이 마우스와 아이콘으로 구성된 화면을 통해 전 세계 어디서나 원하는 자료를 검색하고 찾을 수 있는

---

36) M. Castells(1996), *The Risk of the Network Society*, Oxford : Blackwell, pp. 412~418 참조.

손쉬운 사용자 환경을 구축함으로써 인터넷의 보급에 있어 현실적으로 중요한
역할을 수행하였다.

둘째, WWW의 등장에 따라 기존의 단순한 문서정보(plain text)만으로 제한
되었던 것에서 벗어나 문서는 물론, 음성(audio)·화상(video)·동영상(moving
picture) 등 원하는 모든 정보를 네트워크 망을 통해 제공할 수 있게 되었다.

이러한 정보처리 능력의 획기적인 발달을 통해 인터넷은 다양하고 풍부한
정보를 확보할 수 있게 되었고, 이는 곧 인터넷의 발전을 직접적으로 촉진하는
중요한 요인으로 작용하였다. 또한 WWW은 이러한 인터넷상의 수많은 정보
를 서치엔진(search engine)을 이용, 분류하고 관리함으로써 이용자들이 원하
는 정보의 위치를 쉽게 파악하고 접근할 수 있도록 도와주고 있다.[37] 이처럼 커
뮤니케이션 테크놀러지의 급속한 발전은 끊임없이 새로운 매체를 출현시키고
있을 뿐만 아니라, 기존의 매체환경을 급격히 변화시키고 있다. 따라서 첨단 멀
티미디어가 속속 등장하고 있는 가운데, 매체끼리의 융합이 가속화되면서 매체
시장에도 새로운 매체정책이 요구되고 있는 것이다.

(2) 상품적 환경의 차이

네트워크의 네트워크에 대한 결합이 증가함에 따라 인쇄매체는 전자매체의
실현에 힘입어 '규모의 경제(economics of scale)'를 실현할 수 있게 된다. 규모
의 경제란 생산단위의 규모를 확대함으로써 능률 향상에 따라 생기는 산출단위
당 가격이 하락하게 되는 것을 말하는데, 대량생산의 이점을 취하는 방식이다.
예를 들어, 신문기업은 인쇄신문 상품으로 판매한 정보를 다시 전자신문(인터
넷 신문) 상품으로 판매함으로써 생산단위의 규모가 확대되며, 이중의 판매시

---

37) 윤준수(1998), 『인터넷과 커뮤니케이션 패러다임의 대전환』, 서울: 커뮤니케이션북스, pp. 72~73.

장을 확보함으로써 산출당 가격이 하락하는 효과를 가져온다.[38]

또한 규모의 경제는 서비스를 동시에 제공하는 것이 별도로 나누어서 제공하는 것보다 비용이 적게 드는 경우에도 실현된다. 인쇄신문은 배포 도달지점까지 이르는 과정이 순차적인 데 비해 전자신문은 인터넷망을 통해 전 세계 네트워크망으로 비순차적인 동시배포가 가능하게 된다. 결국 네트워크 구축으로 인해 인쇄매체는 생산가격의 하락과 함께 배포의 동시성이 가능해짐으로써 규모의 경제를 실현할 수 있는 조건을 갖추었다고 할 수 있다. 아울러 인터넷을 통한 전자매체는 하이퍼미디어(hypermedia)로서의 특성을 띰으로써 '범위의 경제(economics of scope)'를 실현할 수 있는 조건을 마련해 준다. 범위의 경제란, 제품종류의 증가에 의하여 제품단위당 생산 가격이 낮아지는 현상을 말한다. 기업의 다각화, 즉 제품범위의 확대를 꾀하는 경제적 근거의 하나라고 할 수 있는데, 규모의 경제가 대량생산의 이점을 취하는 것이라면 범위의 경제는 소량의 다품종 생산에 따른 장점을 취하는 것이다.[39]

이러한 전자매체의 특성은 인쇄매체에 비하여 속도 경제면에서도 앞선다. 전자매체의 근간을 이루는 인터넷은 비거리성(no distance), 비지연성(no delay), 비오류성(no error), 비한계성(no limitation), 저비용(low cost), 그리고 전 세계로 연결되는 총체적인 연계감(a feeling of total communication in a global village)을 갖춘 매체이다. 또한 인터넷은 사용자에게 상호작용성을 제공하는 최상의 단계라고 할 수 있다. 그리고 이것을 가능하게 해 주는 요소가 바로 '속도'이다.[40] 속도는 정보사회 내에서 주고받는 정보상품의 생산시간을 최

---

38) 예를 들면, 인쇄신문기업이 하나의 정보상품을 생산하는 데 100원을 들여 200원에 판매했다면 100원의 순이익을 취하게 된다. 같은 상품을 다시 전자신문에 올려 50원에 판매했다면 신문기업의 입장에서는 100원을 투입한 동일한 상품으로 이중의 판매시장을 갖게 됨으로써 150원의 이득을 얻게 된다. 최낙진 (1999), 앞의 논문, p. 52.
39) 최영(1998), 『뉴미디어 시대의 네트워크 커뮤니케이션』, 서울 : 커뮤니케이션북스, p. 81.

대한 단축하고 원자재(raw material)에서 완성품(commodity)이 생산될 때까지의 흐름을 가능한 한 짧게 해 주는 시간의 개념이다. 바로 이러한 '속도'의 개념에 주목하여 세계 각국은 정보통신망의 확장과 고도화 없이는 서비스의 발전을 기대할 수 없다고 판단하고, 정부가 적극적으로 초고속정보통신망의 확장과 멀티미디어 산업의 육성에 필요한 사회기반 구축에 관여하고 있는데, 이것이 곧 '정보고속도로'의 구축이다.[41]

4. 인쇄매체의 전자화 양상과 전망

인쇄매체의 전자화에 따른 변화를 보는 여러 학자들의 시각을 살펴보면 일단 인쇄매체의 미래는 그리 밝지 않은 것처럼 보인다. 먼저, 미국 미래연구원(Institute for the Future)의 연구원인 사포(P. Saffo)는 다음과 같이 종래의 인쇄된 정보와 첨단 전자정보 사이에 새로운 시너지 효과가 있다고 예견하고 있다.

종이는 사라지지 않을 것이지만 종이형태가 아닌 미디어는 앞으로 우리의 시간을 더 많이 빼앗을 것이다. 우리는 궁극적으로 말(馬)이 필요없어졌듯이 종이가 필요없는 시대를 맞이할 것이다. 말은 여전히 우리 주위에 맴돌고 있지만, 말은 단지 취미를 즐기는 사람들이 타는 승마용이지 출퇴근하는 사람이 타는 것이 아니다. (중략) 이제 정보를 전자형태로 저장하는 것이 보다 저렴해졌다. 종이는 점차적으로 전자형태로 축적된 정보를 잠깐 보는 일회용이나 임시적인 매체와 같은 중간 역할을 하게 되었다. 우리가 전자정보를 읽고자 하는 준비가 되었을 때, 종이의 사용이

---

40) 최낙진(1999), 앞의 논문, p. 55.
41) 박성호(1998), 『텔레마크와 정보화 정책론』, 서울 : 커뮤니케이션북스, p. 35.

감소되는 미래사회에 진입하게 될 것이다. 그리고 종이는 신속하게 재활용될 것이다.[42]

또 바야흐로 실용단계에 접어든 인쇄의 전자화에 대해 언론학자 스미스(A. Smith)는 이와 같은 변화를 인류 초기의 두 가지 커뮤니케이션 혁명의 변화과정과 비교하고 있다. 즉, 하나는 필사기술의 발명에 의한 변화였고, 다른 하나는 구텐베르크의 인쇄혁명으로 인한 변화라는 것이다.

인쇄의 전산화는 정보의 사회적 통제와 개인들의 창조적인 생각을 가능하게 하고 또한 인간의 기억력과 맞물려 정보의 상호작용을 가능하게 함으로써 앞서 언급한 다른 커뮤니케이션 혁명과 동일한 규모와 중요성을 가진 세 번째 커뮤니케이션 혁명이다.[43]

아울러 다음에서 보는 것처럼 전자출판은 이제 출판산업구조의 재개편을 요구하게 될 전망이라는 견해도 있다. 또한 일각에서는 이로 인해서 출판인들이 심리적 변화를 가져오게 될 것이라고 전망하기도 한다. 이상에서 살펴본 인쇄매체와 전자매체의 커뮤니케이션 패러다임의 차이점을 정리하면 다음의 〈표 3〉과 같다. 이처럼 인쇄매체와 전자매체는 여러 가지 면에서 사뭇 다른 특성을 보인다. 특히 과거에 '독자(讀者)'로 지칭되던 수용자층이 '이용자'라는 개념으로 확대됨으로써 일방적인 커뮤니케이션 양상에서 쌍방향성을 띠게 되었다는 점은 기존 매체와 뉴 미디어의 극명한 차이를 드러낸 부분이라고 할 수 있다. 그럼에도 불구하고 기존의 인쇄매체가 차지하고 있던 그 자리를 앞으로는 전자

---

42) Paul Saffo(1992), *The Electronic Future Is upon Us,* New York Times, 7 June 1992, pp. F~13.
43) Anthony Smith(1980), *Goodbye Gutenberg,* New York: Oxford University Press, p. 41.

〈표 3〉 인쇄매체와 전자매체의 커뮤니케이션 패러다임 비교

구분		인쇄매체	전자매체
매체의 성격		매체의 분화의 정점	매체융합의 정점
적용되는 산업		규모의 경제 실현	규모의 경제와 범위의 경제 동시 실현
생산조직 유형		피라미드 조직	피자형 조직
유통 채널		매체사 ⇒ 자국(서점) ⇒ 소비자	매체사 ⇒ 소비자
독자 분류		구독자(subscriber) 및 정보 소비자	이용자(user) 및 네티즌(netizen)
상품 특성		배타적 상품 (1회 소비 후 상품가치 하락)	비배타적 상품 (무한적 재생이용 후에도 상품가치 보존)
시장의 범위	공간	closed "clups"	global market
	시간	유통기한 내 한정시간	무한시간
언어 시장		각국 중심의 자국어	자국어 / 영어
규제 모델		국가·시장·시민사회 3원 모델	시장·시민사회 2원 모델

* 출처 : 최낙진(1999), 앞의 논문, p. 87에서 부분 수정함.

매체가 대신하게 될 것이라고 단정적으로 예측할 수는 없다. 오히려 이들의 병존 가능성 내지는 상호협력 모델을 개발하는 것이 연구자들이 수행해야 할 임무일 것이다.

5. 아날로그 혁명, 대량복제 시대와 저작권의 탄생

(1) 저작권 개념의 역사적 배경

오늘날 정보의 상품화에 있어 당연한 권리처럼 여겨지는 '저작권(著作權; copyright)'이란 개념은 사실상 자본주의 이념의 생성과 밀접한 관련이 있다.

공동체 생활과 자급자족의 미덕이 사라진 경제적 무한경쟁의 시대를 예고하며 탄생한 개념이기 때문이다. 그리고 그 배경에는 대량복제 시대를 연 인쇄술의 발명을 통한 아날로그 혁명이 자리잡고 있다. 곧, 중세 이후 인쇄술에 의한 복제물의 대량배포가 가능해지면서 저작권이란 권리개념이 형성되었으며, 저작권 사상이 싹튼 계기로 구텐베르크의 인쇄술 발명을 떠올리는 것은 당연한 일이다.

실제로 인쇄술 발명 이후 대량복제가 가능해짐으로써 저작자나 출판업자의 허락을 얻지 않은 무단복제가 횡행함으로써 저작권법 제정이 국제적 추세가 되었다. 근대 이전까지의 저작권 보호는 인쇄술에 의한 복제물, 즉 출판물로부터의 저작권 침해를 방지하는 것이 주목적이었다. 그러나 과학기술의 발전은 저작물을 수록하여 전달하는 매체의 증가와 더불어 저작권 침해의 대상이 인쇄매체로부터 전기·전파매체에서 전자장치로까지 넓어지는 결과를 가져왔다. 따라서 현대적 의미의 저작권법은 창조적인 작업에 관하여 저작자나 그것을 유체물(有體物)로 변형시킨 메시지 전달자들만의 권리와 의무를 규정한 것이 아니라, 저작물 이용자의 권리와 의무는 물론 책임까지도 정해서 규율해 주는, 이를테면 문화활동에 있어서의 기본이 되는 법률이라고 할 수 있다.

한편, 저작권에 관한 법제화의 역사는 동양보다는 서양에서 비롯되었다. 하지만 문자와 기록매체가 있었다고 해서 바로 저작권 의식이 생긴 것은 아니었다. 고대에는 저작물에 관해 소유권으로서의 인식보다는 남의 저작물을 베끼는 행위는 비열한 것으로 여겨져 도덕적으로 비난의 대상이 되었고, 다른 사람의 저작물을 이용하는 것도 직접 혹은 사람을 사서 필사(筆寫)하는 것이 고작이어서 저작물에 대해 어떤 금전적인 이익을 추구하는 식의 관심은 부족했었다. 그런 까닭에 로마시대의 유스티니아누스 법에서는 "타인의 종이, 양피(羊彼) 등에 시를 쓰거나 그림을 그린 경우에는 일체의 권리가 그 재료의 소유자에게 귀속된다"고 하여 저작물의 가치를 그 표현물체의 가치에 귀속시켰다. 중세에 들어와서도 수도사들이 직접 손으로 베껴서 이용하는 것이 고작이어서 고대에서의 상황과 그다지 다르지 않았으므로 소유권이 문제가 되었을 뿐 여전히 저작권의 개념은 없었으며, 저작자의 권리는 특정 지위에 있는 후원자가 베풀어주는 경제적·사회적 보상으로 충족되는 것이 고작이었다.

15세기에 이르러 독일의 구텐베르크의 활판인쇄술 발명 이후 저작물이 대량복제되어 광범위하게 유통되기 시작하자 세속적인 통치자들과 성직자들이 그들의 권위에 반대하는 내용의 저작물에 관심을 갖게 되었고, 그 내용을 검열하기 위한 방편으로 특정의 출판업자에게만 저작물을 출판하게 하는 '출판특허제도(the system of printing privileges)'를 두게 되었다. 이로써 저작자들은 간접적인 보호를 받게 되었으나 출판특허제도는 기본적으로 출판업자의 특권을 위한 제도적 장치였으므로 저작자들에게는 의무적인 저작물 사용료가 지급되지 않아 저작권의 권리개념은 미약한 수준이었다.

이후 자연주의적 계몽사상과 개인주의 사상의 보급으로 인해 출판물에 대한 규제가 완화되었고, 전제군주로서의 국왕의 권위가 쇠퇴함에 따라 국왕의 특허가 유명무실해졌으며, 그로 인해 저작물의 복제가 성행하게 되자 기존의 출판특허권자들은 자기들이 투자해서 출판한 서적들에 대한 무단복제의 규제를 요구하기에 이르렀다. 이에 따라 제정된 최초의 저작권법이 바로 영국에서 1709년에 공포된 '앤여왕법(the Statute of Anne)'이었다.[44] 그리하여 비로소 저작자에게 '복제권(複製權; copyright)'이라는 권리가 주어지고, 이 권리를 양도받아 출판한 출판업자에게는 그 출판물에 대해 14년간 독점권이 주어졌다.

---

44) 이 법은 영국도서출판업조합(Stationers' Company)의 요구로 제정되었으며, 발효년도는 1710년이다. 정식 명칭은 다음과 같다. An act for encouragement of learning, by vesting the copies of printed books in the authors or purchasers of such copies, during the times therein mentioned. ─The Statute of Anne.

그런데 이 법은 문서저작물에 국한된 것이어서 1735년에는 미술가들의 요청에 따라 '조각가법(Engraver Act)'이 영국에서 제정되었고, 프랑스에서는 1791년에 공연권(公演權)을 부여하는 '저작권령(Copyright Decree)'이, 1793년에는 저작자에게 배타적 복제권을 부여하는 저작권령이 제정되었다. 그후 미국에서는 1790년에 연방저작권법이 제정되었으며, 독일에서는 1794년에 프러시아 민법전에 저작권에 관한 규정을 포함시켰고, 러시아에서는 1830년의 민법전에 저작권에 관한 규정을 포함시켰다. 동양에서는 일본이 1869년에 출판조례(出版條例)를 공포한 것이 첫 번째 입법조치인 것으로 추정되며, 그후 출판법과 판권법(板權法)이 시행되다가 1899년에 처음으로 근대적인 저작권법을 제정하기에 이르렀다.

이와 같이 초기의 각국 저작권법은 국가의 사정에 따라 법률이나 대통령령으로, 또는 저작물의 분야별로 개별 법령을 제정하여 시행하다가 대체로 20세기 초반에 와서 저작권법이라는 통합적인 법률을 제정하게 되었고, 이와 같은 각국의 저작권법은 과학기술의 발전에 따라 저작물의 이용방법이 다양해졌으므로 이를 포함하기 위해 1950년대부터 전면적인 개정을 단행하였다.

한편, 영국의 '앤여왕법' 이후 유럽의 선진 여러 나라에서 제정된 저작권법은 어디까지나 국내법이었으므로 그 나라 국민에게만 효력이 미쳤다. 그러나 18세기에 이르자 나라 사이에 교류가 활발해져서 문화면에서도 상당한 교류가 진전되면서 그 과정에서 국가들 사이에 저작물을 둘러싼 무단복제 시비가 자주 발생하기 시작했다. 이러한 사태를 막으려고 두 나라가 협약을 맺고 서로 상대국 국민의 저작권을 보호해 주는 방안이 생겨나기도 했지만, 그것은 체약 당사국이 아닌 다른 나라와의 사이에 생기는 문제는 해결할 수 없었고, 나라마다 국내법이 서로 다른 요건을 규정하고 있어서 실제로 문제가 생겼을 때에는 그 구실을 제대로 할 수 없었다. 따라서 저작권의 보호를 위한 다국간 협약의 필요성이 제기되었는데, 저작권의 국제적 보호를 목적으로 한 세계적 규모의 최초 협약은 1886년 스위스의 베른에서 성립된 '문학적 및 미술적 저작물의 보호에 관한 베른협약(Berne Convention for the Protection of Literary and Artistic Works ; 이하 '베른협약'으로 약칭함)'이었다. 그후 1952년에는 UNESCO 주도로 '세계저작권협약(Universal Copyright Convention ; 이하 'UCC'로 약칭함)'이 성립되어 이 두 협약은 저작권의 국제적 보호를 위한 양대산맥과 같은 기능을 하고 있다.

(2) 국내 저작권 제도의 정착과정

우리나라의 경우 인쇄술 발명에 있어서는 독일의 구텐베르크보다 훨씬 앞서 있었지만, 대개의 동양권 국가에서처럼 인쇄 내지 출판을 국가기관, 즉 고려시대에는 서적원(書籍院), 조선시대에는 교서관(校書官) 등에서 직접 담당했기 때문에 저작물에 대한 권리의식이 발생할 여지가 거의 없었다. 조선 말기인 1883년에 와서는 박문국(博文局)이 설립되어 인쇄를 전담하다가 1884년의 갑신정변(甲申政變)으로 박문국이 폐지되자 인쇄가 일반화되기 시작하여 개인이 출판을 할 수 있게 되었지만 이 시기에도 저작권 의식은 일어나지 못하였고, 20세기에 들어와서 일본인들의 요청에 따라 1908년에 한국저작권령을 명치칙령(明治勅令) 200호로 공포하여 구(舊) 일본저작권법을 그대로 빌려 쓰게 되었다. 그후 1910년에는 일본의 명치칙령 338호로서 한국저작권령을 폐지함과 동시에 일본의 저작권법을 바로 우리나라에 시행토록 하였으나 1911년에 일본에 합병됨으로써 조선총독부 제령(制令) 1호로서 다시 일본저작권법을 빌려 쓰게 되었다. 1945년의 광복 이후에도 미군정법령(美軍政法令) 제21호에 의해, 또한 1948년 정부수립 이후에는 제헌헌법(制憲憲法) 제100조에 의해 일본저작권법이 계속 원용되어 오다가 1957년에 와서야 우리 고유의 저작권법을 제정, 시행하기에 이르렀다.

그런데 1957년에 제정된 저작권법은 1960년대와 1970년대를 거치면서 급격히 발달한 과학기술에 힘입어 저작물의 종류와 이용형태가 복잡화하는 등의 변화하는 국내외적 현실에 대처하기에는 미흡한 데가 많았고, 문화창달을 지향한다는 관점에서도 너무 낡았다는 것이 중론이었다. 그리하여 10여 년 이상의 개정작업을 거쳐 1986년 12월에 저작권법 개정법률안이 국회를 통과함으로써 그 달 31일에 법률 제3916호로 공포되어 그로부터 6개월 후인 1987년 7월 1일부터 시행되기에 이르렀다.[45]

한편, 1985년 10월에 열린 한미통상협상에서 미국은 한국이 미국인의 지적 재산권에 대한 보호를 철저하게 해 줄 것을 강력하게 요구함으로써 1986년 7월 21일에 협상 합의의 형식으로 미국측 요구를 수락하게 되어 마침내 저작권법의 전면 개정과 함께 UCC에도 가입하지 않을 수 없게 되었다. 그 결과 1987년 10월 1일부터 UCC의 효력이 국내에 미치기 시작함으로써 국내의 지식산업계, 특히 출판계는 바야흐로 새로운 국면을 맞게 되었다. 하지만 그후로도 변화의 물결이 거세짐으로써 법령을 재정비하지 않으면 안 되었다. 가장 큰 영향을 미친 것은 우루과이라운드(이하 'UR'로 약칭함)의 타결이었다. 이렇게 국제적인 저작권 환경이 급변함에 따라 첨단 저작물에 대한 권리 침해의 문제가 계속 제기되었다. 따라서 국내법에도 개선의 손길이 미치게 된 것이다.

이에 정부 주도로 음반의 대여권 인정 등 새로운 제도를 도입하고, 교과용 도서에 저작물을 이용할 때에는 보상금을 지불해야 함을 명시함과 동시에, 저작인접권의 보호기간 연장, 벌칙의 강화 등을 통해 저작권자의 권익보호를 강

---

45) 1957년의 구(舊) 저작권법은 전문(全文)이 75개조에 불과했으나 1987년의 신(新) 저작권법은 전문 103개 조에 부칙 8개조로 전면 개정되었다. 또한 새로운 저작물로 등장한 컴퓨터프로그램의 보호를 위해 따로 이 전문 37개조로 이루어진 '컴퓨터프로그램보호법'이 생겨났다.

화하면서, 아울러 행정규제 완화 차원에서 저작권위탁관리업 중 대리·중개업의 허가제를 신고제로 변경하는 것 등을 주요 내용으로 하는 저작권법 개정이 이루어져 1994년 7월 1일부터 효력이 발생하기에 이르렀다.

또한 UR의 타결로 결성된 세계무역기구(World Trade Organization. 이하 'WTO'로 약칭함)와 'WTO 체제 내의 지적재산권에 관한 협정(WTO/Trade-Related Aspects of Intellectual Property Rights, including Trade in Counterfeit Goods, 이하 'WTO/TRIPs'로 약칭함)'이 1995년 1월 1일을 기해 발효되고, 국내에서는 1996년 1월 1일을 기해 발효됨에 따라 우리 저작권법과 WTO/TRIPs 사이의 모순을 제거하고 미국 등 선진국들과의 통상협상에서 합의되었던 사항들을 반영하는 의미에서 외국저작물의 소급보호를 주요 내용으로 하는 법률개정이 또 다시 이루어지게 되었다. 즉, 새로운 저작권법 개정안이 1995년 11월 17일 국회를 통과함으로써 1987년 10월 1일 이전에 공표된 외국인의 저작물이라도 당해 저작자가 1957년 1월 1일 이후에 사망하였거나 저작물이 공표되었다면 소급해서 보호해야 한다는 내용의 개정이 이루어져 1996년 7월 1일부터 새로운 효력을 발생하기에 이른 것이다. 아울러 인터넷의 보편화 등 신기술을 반영한 새로운 저작권법 개정안이 각각 국회를 통과하여 2000년 7월, 2005년 1월부터 효력을 발생하게 되었다.

6. 저작물의 디지털화와 저작권

(1) 저작물의 유형

1) 어문저작물(語文著作物)

어문저작물(literary work)은 독창성을 바탕으로 창작된 "말과 글로 이루어진 저작물"로서 시·소설·수필은 물론 평론·희곡·시나리오 등 이른바 문학의 범주에 드는 모든 장르를 포함하며, 강연이나 연설처럼 말로써 이루어지는 것도 포함한다. 또한 글로 이루어진 것이라고 하여 문학 또는 예술적인 것만을 의미하는 것이 아니라 학술적인 연구물까지도 해당되며, 암호문서라고 하더라도 그것이 말이나 글로써 풀어질 수 있는 것과 실제의 음성적 표현이 아닌 수화(手話) 따위도 어문저작물이 된다는 점에 주의해야 한다. 그러므로 어문저작물은 유형적인 문서형태뿐만 아니라 구술(口述)에 의한 것처럼 무형적인 형태까지도 포함하는 개념이며, 그 저작물이 순수문학적·학술적·기술적 또는 단순히 실용적인 성격을 가지는지의 여부는 물론 그 가치나 목적도 따지지 않는다. 한편, 저작권심의조정위원회(1992)에서 발행한 『저작권표준용어집』에 따르면 국제적으로는 기술의 발전으로 말미암아 사람이 읽을 수 있는 형태에 국한하지 않고 컴퓨터프로그램과 같이 기계가 읽을 수 있는 형태까지 포괄하는 개념으로 확장되고 있다.

2) 음악저작물(音樂著作物)

음악저작물(musical work)은 일반적으로, "가사(歌詞)의 수반 여부를 불문하고 악기나 육성에 의해 실연될 수 있도록 작곡의 방법으로 모든 소리를 조합한 것"을 말한다. 따라서 음정이나 박자를 통해 사람의 감정이 음으로 표현되는 예술양식을 말하는 것으로, 음악저작물은 주로 악보(樂譜)의 형태를 취한다. 하지만 유형적인 악보 또는 녹음물로서 고정되지 않은 흥적인 연주나 가창도 음악저작물이 될 수 있다는 점에 주의해야 한다. 아울러 어문저작물인 시 또는 시조가 악보와 어울려 가사로 불린다면 음악저작물이 되기도 하므로 하나의 작품이 양면성을 띠는 경우도 있다.

3) 연극저작물(演劇著作物)

연극저작물(dramatic work)은 "한 명 또는 두 명 이상의 사람이 말과 관련된 동작으로써 무대에서 실연하거나 연기를 통해 현실을 반영하는 것"을 말한다. 따라서 일반적으로는 무대 위에서 관중들에게 보여 줄 목적으로 상연되는 연극이나 무용 또는 무언극(無言劇) 따위가 이에 해당한다. 이것이 희곡(戲曲)이나 무보(舞譜)를 토대로 이루어진다면 그 희곡이나 무보의 저작자가 그 연극저작물의 저작자가 되며, 연출자나 안무가를 포함한 스태프 및 배우 또는 무용수 들은 실연자가 된다. 하지만 즉흥적으로 이루어진 무용이나 팬터마임 같은 무언극의 경우에는 그것을 직접 상연한 무용수 또는 배우가 연극저작물의 저작자가 된다. 따라서 상연을 목적으로 쓰여진 각본, 즉 희곡은 곧 연극저작물이며, 그것이 실연과는 별도로 일반 단행본으로 출판되었다면 하나의 어문저작물이 될 수도 있다.

4) 미술저작물(美術著作物)

미술저작물(artistic work 또는 work of art)[46]은 "일정한 평면적 또는 입체적 공간에 형태나 색채로써 표현되어 그것을 지각하는 사람의 미적 감각을 자극하기 위한 창작물"이라고 할 수 있다. 그러므로 일반적으로는 회화, 서예, 도안, 조각 등과 함께 실용성을 띠는 공예나 응용미술 등을 포함하는 개념이다. 특히 '응용미술저작물'이란 "물품에 동일한 형상으로 복제될 수 있는 미술저작물로서 그 이용된 물품과 구분되어 독자성을 인정할 수 있는 것을 말하며 디자인 등을 포함"하는 개념이다. 즉, 대량생산되는 실용품에 복제, 이용되는 디자인의

---

46) 우리나라처럼 미술저작물과 함께 음악저작물을 별개로 규정할 경우에는 미술저작물을 'work of art'라고 하며, 음악저작물을 포함하는 개념으로 규정하는 나라에서는 이를 'artistic work'라고 하기도 하는데, 이럴 때에는 '예술저작물'이라는 표현이 적당하다고 하겠다. 저작권심의조정위원회, 앞의 자료, p. 20.

경우에도 저작물성을 갖추었다면 저작권법으로 보호된다.

5) 건축저작물(建築著作物)

건축저작물(work of architecture)은 "실제의 건축물은 물론 건축을 위한 모형 또는 설계도서를 모두 포함하는 개념"이다. 건축물이라고 하면 일반적으로 가옥·빌딩·교회·사찰·기념비·탑·문루·교량·정원 등 인위적으로 건조·축성된 인간의 생활환경을 말하며, 그중에서도 특히 학·예술적으로 독창성이 있다고 인정되는 것을 건축저작물이라고 할 수 있다. 따라서 주변에서 흔히 볼 수 있는 건물이나 교량 따위는 건축저작물이라고 할 수 없고, 특별히 예술성이 인정되는 경우에만 건축저작물에 포함된다.

6) 사진저작물(寫眞著作物)

사진저작물(photographic work)은 "빛이나 기타 방사선에 감응하는 표면 위에 제작된 실물(實物)의 영상"을 말하며, 그것이 대상의 구성, 선택 또는 포착 방법 등에 있어서 독창성이 인정되는 경우에 저작권 보호의 대상이 된다. 하지만 어떤 사진을 놓고 그것의 저작물성을 판단하는 것이 쉬운 일은 아니다. 사진의 창작과정에서 투입된 저작자의 지적활동 여부를 완성된 사진의 외견만으로는 판단하기가 어렵기 때문이다. 다만, 일반적으로 미술저작물처럼 감상의 대상이 될 수 없는, 단순한 물체의 복제에 불과하거나 실용적인 증명용 사진인 경우에는 저작물성을 인정하지 않는다.

7) 영상저작물(映像著作物)

영상저작물(cinematographic work)은 "적당한 감광성 물질에 연속적으로 담아 '움직이는 영상(motion pictures)'으로 보여 줄 수 있는, 대체로 소리를 수

반한 일련의 영상"을 말한다. 가장 고전적인 형태로는 자막에 영사(映寫)할 수 있는 영화가 있다. 하지만 비디오테이프 같은 다른 종류의 시청각 저작물도 영화와 같은 것으로 규정하는 것이 통례이기 때문에 영상저작물이라는 넓은 의미의 용어를 사용하고 있다. 물론 실연(實演)에 의해 영상으로 고정되기 이전의 시나리오는 어문저작물이 될 수 있으며, 감독과 배우를 포함한 실연자들은 저작인접권자로서 보호되고, 저작권법상 특례조항에 의해 영상저작물의 실질적인 저작권자는 대개의 경우에 영상제작자가 된다.

8) 도형저작물(圖形著作物)

도형저작물은 "각종 지도 또는 도표, 설계도, 약도 등과 같이 평면적인 것과 모형처럼 입체적인 것, 그리고 그와 유사한 것"들을 포함하는 개념이다. 그런데 도형저작물은 미술저작물 또는 건축저작물과 양면성을 띠는 경우가 많아서 확실하게 구별하기가 애매하다는 특성이 있다. 다만, 도형저작물이 반드시 미술적이어야 한다거나 건축적이어야 할 필요는 없으며, 학술적인 가치만 지녀도 된다는 것이 다른 점이라고 할 수 있다. 한편, 복제의 개념에 있어서 설계도 또는 모형에 의한 건축물의 시공은 복제로 볼 수 있지만, 설계도 또는 모형에 의한 실물의 제작, 즉 자동차나 기계부품 따위를 제작하는 것은 복제에 해당하지 않는다. 그러므로 도형저작물의 복제란 산업재산권에서와는 달리 설계도 또는 모형을 그대로 복사하거나 모방하는 것에만 효력이 미친다.[47]

9) 컴퓨터프로그램저작물

첨단기술에 의한 새로운 저작물의 형태인 컴퓨터프로그램에 대해서는 저작

---

47) 저작권과는 달리 산업재산권에는 '실시권(實施權)'이 있어서 설계도나 모형을 토대로 입체적인 실물로서의 실용적인 물건들을 제작하는 일에까지 효력이 미친다.

권법뿐만 아니라 컴퓨터프로그램보호법[48]에 의해 따로이 보호기준을 규정하고 있다. 그리고 이것은 컴퓨터 소프트웨어(software)라는 용어와 같은 의미로 쓰인다고 볼 수 있다. 이러한 컴퓨터프로그램은 사용 목적이나 이용형태에 따라 여러 종류로 나눌 수 있지만, 그것의 저작물성 여부는 다른 저작물과 마찬가지로 창작성 유무에 따라 판단될 문제이다.

10) 2차적 저작물

한편, 여러 가지 저작물의 형태를 원저작물로 해서 새로운 저작물을 만들어 낼 수 있는데, 이를 2차적 저작물(derivative work)이라고 한다. 저작권법 제5조에 따르면 "원저작물을 번역·편곡·변형·각색·영상제작 그 밖의 방법으로 작성한 창작물"을 가리켜 2차적 저작물이라고 하며, 이는 독자적인 저작물로서 보호된다. 다만, 2차적 저작물의 보호는 그 원저작물의 저작자의 권리에 영향을 미치지 않는다. 2차적 저작물을 작성하는 방법을 살펴보면 다음과 같다.

첫째, 글 또는 말로 이루어진 저작물을 원래 사용된 언어 이외의 언어로 표현하는 것으로서, 우리말이나 글로 되어 있는 원저작물을 다른 나라 언어, 즉 외국어로 바꾸거나 외국어로 되어 있는 저작물을 우리말이나 글로 바꿀 수 있는데, 이를 번역(飜譯; translation)이라 한다. 이 경우에 번역은 그 내용과 문체에 있어서 충실하고 정확하게 원저작물을 표현하여야 하며, 번역자는 다른 언어를 창작적으로 다른 점을 인정받아 별도의 저작권을 부여받는다.

둘째, 특정의 연주형태에 따라 악기 또는 가창자의 음역(音域)에 맞도록 하

---

48) 컴퓨터프로그램보호법은 모두 6장 36개조에 걸쳐 이루어져 있는데, 대부분이 저작권법의 내용과 유사하다. 기본적인 차이점은 제1조에서 목적으로 국민경제의 건전한 발전을 도모한다고 한 것과 제17조에서 관할관청을 정보통신부 장관으로 하고 있다는 것 정도이다. 아울러 제8조에서 저작권법과는 달리 인격권과 재산권을 포괄하여 규정함으로써 인격권 양도의 문제가 제기되고 있다. 따라서 대부분의 규정이 저작권법의 되풀이라고 할 수 있으므로 별도입법의 의의가 없다는 견해가 우세하다.

기 위해 이미 작성되어 있는 음악저작물의 표현형식을 조정하는 것을 편곡(編曲 ; arrangement of music)이라 한다.

셋째, 미술저작물에 있어서 그림으로 그려져 있는 것을 조각의 형태로 나타내거나 조각을 그림으로 그리는 등 표현형식을 변경할 수 있는데, 이를 변형(變形 ; transformation)이라 한다. 따라서 건축저작물을 변형시키는 것도 이에 해당한다. 한편, 넓은 의미로는 저작물의 각색이나 기타의 방법에 의한 개작을 모두 포함하는 개념이기도 하다.

넷째, 어문저작물로서의 소설이나 일반적인 음악저작물을 영상물로 바꾸는 것처럼 이미 작성되어 있는 저작물을 다른 장르로 변형시키는 것을 각색(脚色 ; adaptation)이라 한다. 아울러 같은 장르일지라도 성인용 저작물을 청소년용으로 다시 쓰는 것처럼 이용의 각 상황에 따라 적당하게 변경하는 것도 포함한다. 또한 이러한 각색은 표현형식만을 바꾸는 번역과는 달리, 저작물의 구성을 변경하는 경우도 포함한다. 소설을 연극각본으로 고쳐 쓴다면 무대의 특성에 맞추어 원저작물의 구성이 불가피하게 변경될 수밖에 없을 수도 있기 때문이다.

다섯째, 영상제작의 경우가 있는데, 이는 영상저작물로 만드는 것을 뜻하는 것이 아니라 영상저작물을 위한 각본화를 뜻하는 것으로 보인다.

여섯째, 위에서 열거한 방법 이외에도 소설을 시로 표현하거나 시를 소설화하는 것처럼 '그 밖의 방법'이 있을 수 있다.

11) 편집저작물(編輯著作物)

저작권법 제6조에서는 "편집물로서 그 소재의 선택 또는 배열이 창작성이 있는 것"을 가리켜 '편집저작물(compilation)'이라고 규정하면서 이는 "독자적인 저작물로서 보호되며, 편집저작물의 보호는 그 편집저작물의 구성 부분이 되는 저작물의 저작자의 권리에 영향을 미치지 않는다"고 한다. 여기서 '편집물'이란, 이미 존재하는 저작물 또는 기타 자료 등을 수집·선정·배열·조합·편집 등의 행위를 통해 전체로서 하나의 저작물이 되도록 한 것을 모두 포함하는 개념이다. 그리고 첨단기술의 산물로서 데이터베이스처럼 컴퓨터 등 정보처리장치를 통해 검색할 수 있는 것들도 포함되며, 그러한 것들 중에서 소재인 저작물이나 자료들을 선택하거나 배열함에 있어서 창작성이 인정되는 것들은 저작권법의 보호를 받는 독자적인 저작물인 편집저작물임을 밝히고 있다. 이러한 편집저작물의 보호는 그 편집방법에 있어서 아이디어를 보호하는 것이 아니라 편집물에 구현된 편집방법을 보호하는 것이다. 또, 편집저작물의 구성 부분이 되는 원저작물 저작자의 허락을 얻지 않았더라도 보호를 받으며, 제3자의 침해에 대해 권리의 주장을 할 수 있다. 그러나 2차적 저작물과 마찬가지로 편집저작물의 저작자가 원저작자의 권리를 침해했다면 그에 따른 책임은 별도로 발생한다.

(2) 저작물의 디지털화 양상

1) 전송권의 신설

지난 2000년 7월 1일을 기점으로 개정·발효된 현행 저작권법은 전반적으로 디지털 매체환경을 수용하고 있다는 점에서 저작권 환경의 급격한 변화를 예고하고 있다. 특히 저작재산권의 하나로 추가된 '전송권(傳送權)'은 기존의 여섯 가지 권리, 즉 복제권·공연권·방송권·전시권·배포권·2차적 저작물 등의 작성권에 있어 그것들의 이용환경이 인터넷으로 대표되는 무한가상의 공간으로까지 확대되었음을 인정한 결과로서 주목된다. 여기서 '전송'이란 "일반공중이 개별적으로 선택한 시간과 장소에서 수신하거나 이용할 수 있도록 저작물을 무선 또는 유선통신의 방법에 의하여 송신하거나 이용에 제공하는 것을 말한다"고 규정하고 있다.

전송권의 신설은 한마디로 디지털 환경이 무르익었음을 보여 주는 예로서, 인터넷을 활용한 온라인상의 저작물 송신이 보편화되고 또 이용자의 주문에 따라 이용자가 개별적으로 원하는 시간과 장소에 저작물을 전달하는 형태의 기술진전이 곧 새로운 권리의 등장을 촉진했던 것이다. 원래 전송권은 세계지적소유권기구 저작권조약(WIPO Copyright Treaty)에서 규정하고 있는 '공중전달권(right of communication to the public)'을 수용한 것으로, 기존의 공연·방송·배포의 개념과는 달리 1대 1, 이시송신(異時送信), 쌍방향성 및 무형성 등과 같은 특성을 띠고 있다. 이러한 국제적 추세를 감안해서 우리 역시 디지털 송신으로서 '전송(transmission)'의 개념을 신설하고 이에 대한 권리를 추가로 저작자에게 부여한 것이다.[49]

또 전송에는 직접송신뿐만 아니라 이용 제공행위도 포함되지만, 단순히 송신설비만을 제공하는 부가통신사업자의 행위는 제외된다. 아울러 권리침해죄에 '전송'을 포함하여 "저작재산권 그 밖의 이 법에 의하여 보호되는 재산적 권리를 복제·공연·방송·전시·전송·배포·2차적 저작물 작성의 방법으로 침해한 자는 5년 이하의 징역 또는 5천만 원 이하의 벌금에 처하거나 이를 병과할 수 있다"고 규정하고 있는 점 또한 벌칙의 강화라는 측면과 함께 디지털 매체환경을 법제적으로 적극 수용하겠다는 뜻이 반영된 것으로 보인다. 나아가 디지털 복제의 경우 그것은 원본과 똑같이, 혹은 더욱 정밀하게 복제가 가능하고, 양적인 면에서도 거의 무한대라는 점에서 이번에 신설된 전송권이 갖는 의미는 크다고 할 수 있다. 따라서 컴퓨터 활용이 보편화된 시점에서 소프트웨어를 비롯한 첨단 저작물의 무분별한 복제를 방지할 수 있는 장치의 보완이 이루어지지 않은 한 걷잡을 수 없는 무단복제의 수단이 될 수 있다.

---

49) 따라서 전송권을 영문으로 표기한다면 아날로그 상황까지 포함하는 개념으로서의 'Transmission Right'라고 하기보다는 엄격한 의미에서 'Digital Transmission Right'라고 하는 것이 옳다.

한편, '복제'의 정의 규정에 디지털 복제를 포함하고 있다는 점도 주목된다. 즉, "인쇄·사진·복사·녹음·녹화 그 밖의 방법에 의하여 유형물에 고정하거나 유형물로 다시 제작하는 것을 말하며"라고 하여 새롭게 복제를 정의하고 있는 것이다. 복제는 저작재산권 중에서 가장 기본적인 권리이며, 저작물 이용에 있어서도 가장 기본적인 형태라고 할 수 있다. 여기서 예시하고 있는 인쇄·사진·복사·녹음·녹화 등은 우리가 일상적으로 저작물을 이용하는 방법들이기 때문이다. 여기에다 디지털 기술의 발달 양상을 반영하여 "유형물로 다시 제작하는 것" 이외에 "유형물에 고정하는 것"을 복제의 개념에 포함시켜 디지털 복제까지 확장시키고 있는 것이다. 다만, 컴퓨터 통신이나 인터넷 이용시 거치게 되는 RAM(Random Access Memory)에의 저장과 같은 일시적 저장행위를 저작권법상 복제로 보아야 하는지의 여부에 대해서는 다양한 논의와 접근법이 강구되고 있으나 아직 합의된 개념은 없는 것으로 보인다. 따라서 일시적 저장을 복제의 범주에 넣을 것인지 아닌지에 대해 획일적으로 접근하는 것보다는 일시적 저장행위가 저작자의 권리를 실질적으로 침해하는지의 여부에 대해 구체적인 판단이 있어야 할 것이다.

2) 하드웨어와 소프트웨어

일반적으로 하드웨어(hardware)란 키보드나 프린터처럼 컴퓨터의 물리적인 측면을 가리키는 말이다. 반면 소프트웨어(software)는 하드웨어에 프로그램을 사용할 수 있도록 해 주는 매뉴얼과 함께 디스크나 CD-ROM에 저장된 일을 처리하도록 지시하는 프로그램이라고 할 수 있다. 이 두 가지는 비록 서로 떨어져 기능할 수 없는 지극히 상호보완적인 관계에 있지만, 법적으로 살피게 되면 매우 큰 차이를 보인다.

하드웨어는 복잡하고 난해한 공정을 거쳐 만들어지지만 완성품은 단순히 상품(goods)으로 분류된다. 하지만 소프트웨어는 그것의 혼성적 특징(the hybrid nature of software) 때문에 그렇게 간단히 분류될 수 있는 것이 아니다.[50]

소프트웨어 또는 컴퓨터프로그램은 일련의 단어와 문자, 그리고 숫자로서 저작권법 및 컴퓨터프로그램보호법에 의해 보호되는 저작물이기 때문이다. 즉, 하드웨어가 단순히 상품으로서 매매되는 것이라면 소프트웨어는 상품인 동시에 그것의 저작물성에 근거한 저작권 보호의 대상이 된다.

이러한 소프트웨어가 실제로 수요자들에게 공급되는 방법을 살펴보면 다음과 같다.

먼저 대량생산 패키지, 예컨대 '마이크로소프트 오피스(Microsoft Office)'나 로터스(Lotus) 시리즈처럼 전문매장을 통해 수요자가 직접 구매하거나 우편 또는 전화, 이메일 등을 통해 주문해서 공급받을 수도 있다. 이 경우 해당 소프트웨어는 플로피디스크나 CD-ROM처럼 유형적 혹은 물리적 매체에 담겨 있을 수도 있고, 아니면 인터넷 또는 네크워크로 연결되어 있는 다른 컴퓨터로부터 수요자의 컴퓨터로 다운로드될 수도 있다.

또한 개인 혹은 단체 차원의 수요자가 각각의 필요한 정도에 따라 특정의 또는 맞춤 형태의 소프트웨어시스템을 주문할 수도 있다. 이 경우에는 수요자의 컴퓨터에 직접적으로 인스톨함으로써 디스크나 CD-ROM 같은 유형물로서의 매체가 없더라도 제공이 가능하다는 특성을 띤다. 문제는 소프트웨어에 대한 소유권과 저작권이 엄연히 다름에도 불구하고 이를 구별하지 못하는 데서 생긴다. 즉, 어떤 소프트웨어 정품을 정당하게 구입한 사람이 소유권자임을 이유로 다른 사람에게 그 소프트웨어의 사용을 허락하거나 묵인하는 경우 그는

---

50) 박영길(2001), "디지털 환경에 있어서의 데이터베이스의 보호(중)", 「계간 저작권」 2001년 봄호(제53호), 서울: 저작권심의조정위원회, 2001, p. 27 재인용.

저작권을 침해할 수도 있다는 사실이 인식되지 않고 있는 것이다.

(3) 쉬링크랩 라이선스에 의한 보호

'쉬링크랩 라이선스(shrinkwrap license)'란, "어떤 제품을 구입하여 라이선스하는 경우에 그 제품의 포장 속에 라이선스 조건이 문서로 작성되어 넣어져 있고, 이에 따라 사용허락계약이 발생하는 것" [51]을 가리킨다. 곧 컴퓨터프로그램 구매자는 그것을 싸고 있는 포장을 풀면 그 프로그램의 사용 조건에 관해 인쇄되어 있는 문서를 발견하게 되는데, 이런 문서가 어떤 성질의 구속력을 가지는지에 대해서는 프로그램 최초구매자와 그후 이용자 등의 문제와 관련하여 복합적인 법적 문제가 발생할 수 있다. [52]

좀더 구체적으로 컴퓨터프로그램으로서의 소프트웨어가 실제 매매되는 과정에서 제작자가 명시적으로 라이선스하는 방법을 살펴보면 크게 두 가지로 나눌 수 있다.

첫째, 일반적으로 '직접공급'이라고 할 수 있는 '포장(shrinkwrap)계약'의 방법이다. 소프트웨어를 운반하는 디스크 또는 CD-ROM 패키지 안에는 최종

---

51) 박영길(2001), 위의 논문, 위의 잡지, p. 26.

52) 쉬링크랩 라이선스는 box-top license나 envelope license 또는 referral license 등 여러 가지 방식으로 적혀 있는데 목적은 모두 같다. 이것들은 모두 구매자가 소프트웨어에 완전히 접근하기 전에 먼저 읽고 동의할 것을 요구하고 있다. 'envelope license'는 소프트웨어를 담아 봉인한 봉투의 외면에 인쇄되어 있으며, 'referral license'의 경우에는 디스크나 CD-ROM 박스 표면에 "부착된 라이선스를 읽기 전에는 열지 마시오(Don't open this before reading the license attached)"라고 적힌 스티커를 부착하고 있다. 이러한 것들이 법적으로 어떤 성질을 갖고 있는지 검토함에 있어 우선 쉬링크랩 라이선스에서는 소비자가 제품을 구매하기 전에는 라이선스의 조건을 볼 수 없다는 특성을 지나쳐서는 안 된다. 일반적으로 소매 상인들은 상자 안에 들어 있는 소프트웨어의 도난을 막기 위해 진열대에는 비어 있는 소프트웨어 박스를 진열하는 경우가 많다. 따라서 소비자는 소매상인과 거래를 완전히 끝낸 후에야 박스 안에 든 쉬링크랩 라이선스를 볼 수 있다. 박영길(2001), 앞의 논문, p. 26 재인용.

구입자가 저작권을 침해하는 것을 방지하기 위한 수단으로서 제작자의 권리 존속기간 및 조건 등을 설명하는 문서가 들어 있다. 그 문서 자체 또는 패키지에 돌출되어 있는 태그(tag)나 포장재료의 봉인은 구매자가 포장을 개봉하는 순간 제작자가 명시한 라이선스의 내용을 수락하는 것으로 본다는 뜻을 담고 있다.

둘째, 맨 처음에 컴퓨터로 소프트웨어를 로딩하는 과정을 거치는 방법이다. 사용자는 스크린에 나타난 바에 따라 제작자의 권리 존속기간 및 조건에 동의한다는 표시를 하지 않고는 원하는 복제품을 완전히 로딩할 수 없게 되어 있다. 이런 경우 사용자의 동의는 우편을 통해 회수되거나 온라인 방법으로 제작자에게 전송된다.

이러한 포장계약 방법에 있어서 구매자가 우선적으로 주의해야 할 점은 "프로그램을 저장하는 실제 디스크나 CD-ROM은 그 소프트웨어에 저장되어 있는 지적재산권을 위한 운반자(carrier)에 지나지 않는다"는 사실이다. 소프트웨어제작자는 물론 구매자에게 있어서도 소프트웨어의 진정한 가치는 유형물로서의 물리적인 재산에 있는 것이 아니라 소프트웨어에 저장되어 있는 무형적인 재산에 있기 때문이다. 즉, 소프트웨어제작자는 저작물로서의 소프트웨어를 창작한 대가로 소프트웨어저작권을 갖게 되는 것이다. 따라서 소프트웨어제작자는 저작권자로서 그 저작물의 복제·배포·공연·방송·전송 등과 함께 2차적 저작물의 작성에 따른 각색·변형 등에 대한 타인의 행위를 규제할 수 있는 것이다.

(4) 저작권법 및 컴퓨터프로그램보호법에 의한 보호
소프트웨어제작자에게 주어지는 저작권적 보호의 범위는 현행 저작권법과 컴퓨터프로그램보호법에서 그 근거를 찾아볼 수 있다.

먼저 저작권법 제2조 '정의' 규정 중 제12호의 내용을 보면 다음과 같다.

컴퓨터프로그램: 특정한 결과를 얻기 위하여 컴퓨터 등 정보처리능력을 가진 장치 내에서 직접 또는 간접으로 사용되는 일련의 지시·명령으로 표현된 것을 말한다.

또 제4조 '저작물의 예시 등' 제1조 제1항에 따르면 컴퓨터프로그램이 저작물의 한 유형임을 명백히 밝히고 있다.

제4조(저작물의 예시 등) ① 이 법에서 말하는 저작물을 예시하면 다음과 같다.
　　1. 소설·시·논문·강연·연술·각본, 그 밖의 어문저작물
　　2. 음악저작물
　　3. 연극 및 무용·무언극 등을 포함하는 연극저작물
　　4. 회화·서예·조각·공예·응용미술저작물, 그 밖의 미술저작물
　　5. 건축물·건축을 위한 모형 및 설계도서를 포함하는 건축저작물
　　6. 사진 및 이와 유사한 제작방법으로 작성된 것을 포함하는 사진저작물
　　7. 영상저작물
　　8. 지도·도표·설계도·약도·모형, 그 밖의 도형저작물
　　9. 컴퓨터프로그램저작물

한편, 같은 조 제2항에서는 "제1항 제9호의 규정에 의한 컴퓨터프로그램저작물의 보호 등에 관하여 필요한 사항은 따로 법률로 정한다"고 하여 '컴퓨터프로그램보호법'의 필요성을 밑받침하고 있다. 이러한 저작권법의 관련 규정은 보다 구체적으로 컴퓨터프로그램보호법에 명시되어 있는데, 저작권법과 마찬가지로 아래와 같은 제2조 '정의' 규정을 통해 그 뜻을 밝히고 있다.

1. '컴퓨터프로그램저작물'이라 함은 특정한 결과를 얻기 위하여 컴퓨터 등 정보처리능력을 가진 장치(이하 '컴퓨터'라 한다) 내에서 직접 또는 간접으로 사용되는 일련의 지시·명령으로 표현된 창작물을 말한다.

2. '프로그램저작자'라 함은 컴퓨터프로그램저작물(이하 '프로그램'이라 한다)을 창작한 자를 말한다.

또 제7조에서는 '프로그램저작권'이라 하여 저작권자에게 주어지는 권리의 내용과 함께 특성, 그리고 보호기간에 대해 다음과 같이 규정하고 있다.

제7조 (프로그램저작권)

① 프로그램저작자는 제8조 내지 제10조의 규정에 의한 권리[53]와 프로그램을 복

---

53) 제8조 (공표권)

① 프로그램저작자는 그 프로그램을 공표하거나 공표하지 아니할 것을 결정할 권리를 가진다.

② 프로그램저작자가 공표되지 아니한 프로그램을 양도 또는 대여하거나 제17조의 규정에 의한 사용허락을 한 경우에는 특약이 없는 한 프로그램저작자가 그 상대방에게 프로그램의 공표를 동의한 것으로 본다.

③ 프로그램이 공표되지 아니한 경우에 원프로그램저작자의 동의를 얻어 창작된 개작프로그램이 공표된 때에는 개작에 원용된 원프로그램의 부분에 한하여 공표된 것으로 본다.

제9조 (성명표시권)

① 프로그램저작자는 프로그램이나 그 복제물 또는 프로그램의 공표를 함에 있어서 실명 또는 이명을 표시할 권리를 가진다.

② 프로그램을 사용하는 자는 프로그램저작자의 특별한 의사표시가 없는 한 프로그램저작자가 실명 또는 이명을 표시한 바에 따라 이를 표시하여야 한다.

제10조 (동일성유지권) 프로그램저작자는 다음 각호의 1에 해당하는 경우를 제외하고는 그의 프로그램의 제호 내용 및 형식의 동일성을 유지할 권리를 가진다.

1. 특정한 컴퓨터 외에는 사용할 수 없는 프로그램을 다른 컴퓨터에 사용할 수 있도록 하기 위하여 필요한 범위 안에서의 변경

2. 프로그램을 특정한 컴퓨터 보다 효과적으로 사용할 수 있도록 하기 위하여 필요한 범위 안에서의 변경

3. 프로그램의 성질 또는 그 사용 목적에 비추어 부득이하다고 인정되는 범위 안에서의 변경

제·개작·번역·배포·발행 및 전송할 권리를 가진다.

② 프로그램저작권은 프로그램이 창작된 때부터 발생하며 어떠한 절차나 형식의 이행을 필요로 하지 아니한다.

③ 프로그램저작권은 그 프로그램이 공표된 다음 연도부터 50년간 존속한다. 다만, 창작 후 50년 이내에 공표되지 아니한 경우에는 창작된 다음 연도부터 50년간 존속한다.

따라서 프로그램을 창작한 사람은 일반적인 저작재산권자와 마찬가지로 그 것의 복제, 개작, 번역, 배포, 발행 및 전송에 관한 권리를 가질 뿐만 아니라 저작인격권으로서의 공표권, 성명표시권, 동일성유지권도 함께 갖게 되는 것이다. 다만, 일반적인 저작재산권이 저작자 사망 시점을 기준으로 다음 해부터 기산되어 50년 동안 보호되는 반면에 프로그램저작권은 그것이 공표된 다음 해부터 기산하여 50년 동안 보호된다는 점에서 차이를 보이고 있다. 아울러 저작권 보호의 취지에 비추어 공공성이 우선되는 경우에 프로그램저작권 역시 일정 부분 그것의 권리 행사가 제한되고 있음을 다음과 같이 분명히 규정하고 있다.

제12조 (프로그램저작권의 제한) 다음 각호의 1에 해당하는 경우에는 그 목적상 필요한 범위 안에서 공표된 프로그램을 복제 또는 사용할 수 있다.

1. 재판을 위하여 필요한 경우.

2. 초·중등교육법, 고등교육법에 의한 학교 및 다른 법률의 규정에 의하여 설립된 교육기관(상급학교 입학을 위한 학력이 인정되거나 학위를 수여하는 교육기관에 한한다)에서 교육을 담당하는 자가 당해 프로그램의 종류, 용도, 전체 프로그램에서 복제된 부분이 차지하는 비중, 복제의 부수 및 특성에 비추어 프로그램저작권자의 이익을 부당하게 해하지 아니하는 범위 안에서 수업과정에 제

공할 목적으로 하는 경우.

3. 초·중등교육법에 의한 학교 및 이에 준하는 학교의 교육목적을 위하여 필요한 교과용 도서에 게재하는 경우.

4. 가정과 같은 한정된 장소에서의 개인적인 목적(영리를 목적으로 하는 경우를 제외한다)으로 하는 경우.

5. 초·중등교육법, 고등교육법에 의한 학교 및 이에 준하는 학교의 입학시험 그 밖의 학식 및 기능에 관한 시험 또는 검정을 목적(영리를 목적으로 하는 경우를 제외한다)으로 하는 경우.

6. 프로그램의 기초를 이루는 아이디어 및 원리를 확인하기 위하여 프로그램의 기능을 조사·연구·시험하는 경우. 다만 정당한 권원에 의하여 당해 프로그램을 사용하는 자가 당해 프로그램을 사용중인 때에 한한다.

제12조의2 (프로그램코드역분석)

① 정당한 권원에 의하여 프로그램을 사용하는 자 또는 그의 허락을 받은 자가 교환에 필요한 정보를 쉽게 얻을 수 없고 그 획득이 불가피할 경우 당해 프로그램의 교환에 필요한 부분에 한하여 프로그램저작권자의 허락을 받지 아니하고 프로그램코드역분석을 할 수 있다.

② 제1항의 규정에 의한 프로그램역분석을 통하여 얻은 정보는 다음 각호의 1에 해당하는 경우에는 이를 사용할 수 없다.

1. 교환 목적 외의 다른 목적을 위하여 이용하거나 제3자에게 제공하는 경우.

2. 프로그램코드역분석의 대상이 되는 프로그램과 표현이 실질적으로 유사한 프로그램을 개발·제작·판매하거나 기타의 프로그램저작권을 침해하는 행위에 이용하는 경우.

제14조 (프로그램 사용자에 의한 복제 등)

① 프로그램의 복제물을 정당한 권원에 의하여 소지·사용하는 자는 그 복제물의
멸실·훼손 또는 변질 등에 대비하기 위하여 필요한 범위 안에서 당해 복제물을
복제할 수 있다.

② 프로그램의 복제물을 소지·사용하는 자는 당해 프로그램의 복제물을 소지·사
용할 권리를 상실한 때에는 그 프로그램저작권자의 특별한 의사표시가 없는 한
제1항의 규정에 의하여 복제한 것을 폐기하여야 한다. 다만, 프로그램의 복제물
을 소지·사용할 권리가 당해 복제물이 멸실됨으로 인하여 상실된 경우에는 그
러하지 아니하다.

결국, 컴퓨터프로그램저작물로서의 소프트웨어는 저작권법 및 컴퓨터프로
그램보호법에 의해 그 저작권이 보호되는 것이므로, 사용자는 사용하고자 하는
소프트웨어의 저작권을 염두에 두고 그것을 침해하지 않도록 주의해야 하는 것
이다. 앞서 살핀 것처럼 그것의 소유권과 저작권의 차이를 분명히 인식하지 않
는다면 자칫 저작권을 침해할 가능성이 매우 높기 때문이다.

7. 저작물의 디지털화에 따른 국제 동향

(1) 국제저작권협약의 보호 내용과 현황

저작권의 국제적 보호를 위한 기구로는 WIPO와 UNESCO가 있다.

WIPO(World Intellectual Property Organization ; 세계지적재산권기구)는 세
계지적재산권설립조약에 따라 1967년에 탄생했는데, 지적재산권, 저작권과 산
업재산권 등의 국제적 보호에 중추적인 역할을 담당하는 정부간 기구이자 국제

연합(UN)의 전문기구이다. WIPO에서는 지적재산권에 관한 국제협약인 산업재산권관련 파리협약, 저작권관련 베른협약, 저작인접권관련 로마협약, 음반제작자의 보호를 위한 제네바협약 등을 관장하고 있다.

UNESCO(United Nations Educational Scientific and Cultural Organization ; 국제연합 교육과학문화기구)는 국가간의 교육과 학문협력을 바탕으로 정의의 존중, 인간의 기본권 신장 등의 목적달성을 위해 1945년에 창설되었다. 이 기구는 2년마다 한 번씩 총회를 개최하며 지적창작물에 관한 결의를 주로 하고 있는데, 1947년 제2차 총회에서 채택한 저작권보호촉진 관련 결의에 의해 1952년에 제네바에서 UCC가 성립되었다.

한편, 베른협약과 UCC는 저작권의 국제적 보호에 있어서 양대산맥과 같은 역할을 하고 있는데, 그 보호 내용과 현황을 살펴보면 다음과 같다. 베른협약은 1886년에 스위스 베른에서 성립된 이래 현재에 이르고 있으며, 우리나라에서는 1996년 8월 21일자로 효력이 발생한 바 있다. 이러한 베른협약은 국제적인 저작권 보호에 있어서 몇 가지 기본적인 특징을 보이고 있다.

첫째, 저작권은 저작물의 완성으로 자동적인 보호를 받으며 등록이나 납본(納本) 등의 아무런 절차를 필요로 하지 않는다는 무방식주의 원칙(principle of automatic protection, 또는 non-formality)을 취하고 있다.

둘째, 어느 체약국 국민의 저작물 또는 어느 체약국에서 최초로 발행된 저작물은 모든 체약국에서 그 국가의 국민과 같은 보호를 받는다는 내국민대우의 원칙(principle of the national treatment)을 취하고 있다.

셋째, 체약국 저작물에 대한 저작권을 소급하여 인정해 주는 소급주의 원칙, 그리고 외국저작물의 번역과 복제에 대한 개발도상국의 특혜를 인정하는 조항을 두고 있다.

넷째, 저작권의 보호기간은 최소한 저작자의 사후 50년 이상으로 해야 한다는 등 최소한의 보호기준을 규정하고 있다.

따라서 베른협약은 오늘날 국제적인 저작권 보호에 있어서 표준으로 여겨지는 협약이다.

UCC의 경우에는 체약국 간에 내국민대우의 원칙과 방식주의를 완화하여 무방식주의 국가라도 그들 저작물의 복제물에 '저작권 표시(ⓒ기호, 최초발행년도, 저작권자의 성명을 함께 표시하는 것)'를 했을 경우에는 방식주의 국가에서도 국내적인 방식이 이행된 것으로 보고 보호한다는 것이 특징이며, 불소급의 원칙과 함께 저작권의 보호기간은 원칙적으로 25년 이상이어야 한다고 규정하고 있다. 우리나라는 1987년 7월 1일자로 이 협약에 가입했으며, 같은 해 10월 1일을 기해 효력이 발생되었다.

이처럼 WIPO와 UNESCO 등의 국제기구에 의해 저작권을 포함한 지적재산권 보호에 관한 국제적인 논의가 계속되어 왔다. 그런데 관련 국제협약들의 대부분이 지적재산권 보호를 각국의 국내법에 위임함에 따라 권리 침해에 대한 국제적인 벌칙 규정과 제재수단이 결여되어 있을 뿐만 아니라 컴퓨터프로그램 및 소프트웨어, 데이터베이스, 반도체칩 회로설계 등 신기술 분야의 지적재산권 보호가 미흡하다는 점에서 미국 등 선진국의 강력한 보호의지에 의해 지적재산권이 '관세및무역에관한일반협정(GATT)' 체제 내의 UR(Uruguay Round; 신다자간 무역협상)로 흡수되기에 이르렀다. 앞서 살핀 것처럼 UR은 종래의 GATT가 변화하는 국제적 무역질서를 규율하는 데 한계를 보임으로써 1986년에 우루과이에서 시작된 '다자간 국제협상'을 말한다. 따라서 UR은 단순히 관세인하를 통한 무역장벽의 해소라는 과거의 체제와는 달리 15개 분야에서 투명하고 공정한 무역규범의 형성을 목표로 협상이 진행되어 왔으며, 분야별 타결이 아니라 일괄타결 방식을 채택함으로써 그 결과에 불만이 있더라도 협상결과의 전체적 수용이 아니면 탈퇴할 수밖에 없는 성격을 띠고 있었다.

이러한 UR이 7년여의 지루한 협상 끝에 1993년 12월 15일자로 극적인 타결을 봄으로써 마침내 강력한 집행력과 구속력을 갖는 WTO를 탄생시켰으며, 특히 전체 협상 내용 중에 들어 있는 WTO/TRIPs는 위조상품의 교역을 포함하는 지적재산권 전반에 관한 사항을 담고 있다. 이는 곧 그동안 국제무대에서 방치되어 왔던 저작권을 비롯한 지적재산권 분야가 서비스 시장 및 농산물 교역과 함께 중요한 분야로 떠올랐음을 보여 주는 상징적인 사건이 아닐 수 없다.

(2) 외국 저작권법제의 변화 양상

WTO/TRIPs 이후 WIPO의 최대 관심사항은 디지털 기술과 인터넷으로 야기된 저작물의 창작 및 이용환경의 변화에 대한 법적, 제도적 대응방안을 모색하는 일에 있었다. 그 결과로서 1996년 12월 20일 'WIPO 외교회의'는 '정보와 통신기술의 발달 및 융합현상'으로 비롯된 저작권 문제들을 해결하기 위해서는 새로운 국제적 원칙을 마련하는 한편, 기존의 개념을 새롭게 해석할 필요가 있음을 인정하면서, 'WIPO Copyright Treaty(이하 WCT로 약칭함)'와 'WIPO Performances and Phonogram Treaty(이하 WPPT로 약칭함)'를 채택한 바 있다. 이들은 모두 인터넷 시대를 대비하기 위한 것이라는 점에서 양자를 합쳐 '인터넷협약'이라고도 한다. 이처럼 멀티미디어로 표현되는 최첨단매체의 등장에 따른 저작권 보호에 관해 국제기구는 물론 여러 나라에서 활발한 연구와 논의가 있었다.[54]

---

54) 이러한 논의의 결과로서 미국 IITF(Information Infrastructure Task Force)의 보고서(1995. 9.), 캐나다 IHAC(Information Highway Advisory Council)의 보고서(1995. 3.), 일본 저작권심의회의 "멀티미디어 관련 제도상의 문제에 대하여"라는 보고서(1995. 2.) 등이 있으며, 우리나라에서도 저작권심의조정위원회가 "멀티미디어 시대의 저작권 대책 최종보고서"(1997. 12.)를 발표한 바 있다.

1) WIPO 디지털 의제

1993년 12월 15일 WTO/TRIPs 체결 이후 디지털 기술이 급격히 발달함에 따라 세계적인 저작권 환경 변화에 대응하기 위해 WIPO는 국제규범 제정을 모색하기 시작했다. 인터넷과 멀티미디어로 대표되는 매체환경 아래 WIPO의 최대현안은 디지털 혁명으로 촉발된 저작물의 창작 및 이용형태의 변화에 대한 법제도적 대응방안을 창출하는 것이었다. 이 같은 상황 속에서 WIPO를 중심으로 "인터넷 통신망을 통한 디지털 정보의 이용"에 따른 저작재산권자 내지 실연자, 음반제작자 등 저작인접권자의 새로운 권리신설 문제 및 기존 지적소유권 체계 내에서의 조화 문제 등을 위에서 언급한 '외교회의' 의제로 채택, 논의하게 되었는데, 이를 가리켜 이른바 '디지털 의제(Digital Agenda)'라고 한다.

이렇게 하여 '디지털 의제'의 산물로 탄생한 것이 곧 WCT와 WPPT였다. 이 중 'WIPO저작권조약'이라고도 불리는 WCT의 주요 내용은 다음과 같다.

첫째, WCT는 베른협약 제20조가 예정하고 있는 '특별협정'의 하나임을 선언하고 있고, 또한 회원국으로 하여금 베른협약 제1조 내지 제21조 및 부속서를 준수하도록 규정함으로써 베른협약에 종속된 부속협약임을 밝히고 있다. 따라서 WCT의 규정을 해석함에 있어 베른협약이 인정하고 있는 보호수준을 약화시키는 결과를 가져오는 해석은 허용되지 않는다. 그러나 WCT는 베른협약을 제외한 그 밖의 다른 국제협약과는 독립된 법적 지위를 갖고 있다. 제1조 제1항 후단에서 동 협약이 베른협약 이외의 다른 협약에 따른 권리와 의무에 영향을 미치지 않음을 밝히고 있기 때문이다. 그러므로 이는 WTO/TRIPs나 UCC는 물론 WPPT와도 아무런 관련이 없다. 나아가 WCT는 WIPO 회원국과 유럽공동체에 대해 당사자 자격을 인정하고 있고, 일정한 규범 제정권한을 가지고 있는 국제기구를 조약당사자로 받아들일 수 있는 여지도 마련하여 두고 있다. 결국 이 조약은 베른협약 제20조와의 관계에 있어 특별협정이며, 전체적으로는 베른협약과는 독립적인 성질을 가진 조약이라고 보아야 한다. 따라서 WCT는 베른협약의 특별협정이면서 다른 한편으로 베른협약과는 독립된 협정이라는 이중적 지위를 가진다.

둘째, 베른협약에서는 예시되어 있지 않은 컴퓨터프로그램과 데이터베이스를 보호받는 저작물의 하나로 밝히고 있어 저작권의 보호대상을 확대하고 있다. 즉, 이 조약은 제5조에서 컴퓨터프로그램에 대해 베른협약 제2조에서 규정하고 있는 '어문저작물'로서 보호한다고 규정하고 있다. 데이터베이스에 대해서는 그 선택과 배열에 있어 독창성이 있는 경우 베른협약상의 수집물(collection) 또는 TRIPs 협정상의 편집물(compilations)로서 이미 보호되고 있기 때문에 실제로는 선언적 의미의 규정이라고 하겠다.

셋째, 아울러 이 조약 제6조에서는 그동안 베른협약에 영상저작물을 제외하고 규정되지 않아 논란이 되었던 배포권(right of distribution)을 신설했다. 여기서 배포권이란 저작물의 최초배포에 관한 저작자의 권리를 말하는 것으로, 복제권에 당연히 수반되는 것으로 이해되고 있다.[55] 배포권을 인정함으로써 얻을 수 있는 실익은 불법복제물을 배포하는 사람에게도 저작권자가 책임을 추궁할 수 있다는 점이다. 불법복제자를 알 수 없는 상황에서 그 배포자를 처벌할 수 있는 근거조항으로서 기능하게 되는 것이다. 나아가 배포권은 권리소진이론(theory of exhaustion) 또는 최초판매이론(first sale doctrine)에 의해 제한받

---

55) 국내 저작권법에서는 1987년 전면 개정 당시 제23조에서 배포권을 복제권과는 별도의 권리로서 인정하였다. 배포권은 저작권자의 보호를 위하여 복제권에서 유래된 것으로서 복제권의 범위를 일정하게 제한하는 권리의 역할을 한다. 그러나 우리 저작권법과 WCT에서 규정한 배포의 개념에는 차이가 있다. 우리법에 따르면 배포의 개념에 양도와 대여를 모두 포함하고 있는 반면, WCT는 소유권의 이전(양도)만을 규정하고 있어 양도, 즉 최초의 배포에도 불구하고 점유의 이전인 대여에 대하여 권리를 행사할 수 있으므로 더욱 논리적인 규정이라고 할 수 있다.

는 권리이기도 하다. 즉, 저작권자가 자신의 저작물의 복제물을 일단 판매 또는 양도 등의 방법으로 거래에 제공하면 거래에 제공된 복제물에 대해서는 더 이상 저작권을 행사할 수 없다는 이론이다. 하지만 이러한 최초판매이론은 정보 거래에는 적용되지 않는다는 것이 통설이다.

또한 WCT는 제7조에서 대여권(right of rental) 규정도 신설하였다. 여기서 대여권의 대상은 컴퓨터프로그램과 영상저작물, 음반에 수록된 저작물이며, 예외적으로 컴퓨터프로그램 자체가 대여의 본질적 대상이 아니거나 영상저작물의 상업적 대여가 복제권을 실질적으로 침해하는 광범위한 복제를 초래하지 않는 경우에는 대여권을 적용하지 않을 수 있는 예외조항을 두고 있다. 아울러 1994년 이후 음반에 수록된 복제물의 대여와 관련하여 보상금 제도를 가지고 있는 경우에는 계속하여 이를 유지하도록 규정하고 있다.

이상에서 살핀 배포권과 대여권에 있어서 주의를 요하는 점은 그 대상을 유형물로 고정된 복제물에 한정한다는 것이다. 따라서 순간적이거나 일시적 고정물은 배포권이나 대여권의 대상에서 제외된다. 특히 배포권을 유형물로 한정하고 있는 것은 정보 거래와 관련하여 그 의미가 큰데, 인터넷을 통한 온라인 배포 또는 디지털 배포라는 무형물 정보의 거래에 있어서 배포권 작용을 배제함으로써 논란의 여지를 불식시키고 있기 때문이다.

2) 미국 디지털밀레니엄저작권법

이 법의 정식 명칭은 '1998년 디지털밀레니엄저작권법(Digital Millennium Copyright Act of 1998, H.R. 2281 EH)'이라고 한다. 제정 목적은 전자상거래의 확장과 통신발전에 대응하고자 하는 데 있으며, 나아가 WCT와 실연 및 음반조약의 미국 내 수용을 도모함에 있다. 아울러 그 밖의 저작권 관련 주요 이슈를

이 법에 반영하고자 했다. 이 법은 1998년 10월 12일 하원을 통과하여 10월 28일 당시 빌 클린턴(Bill Clinton) 대통령이 서명함으로써 법률로 성립하였다. 따라서 이 법은 인터넷이 주도하고 있는 지식정보사회에서 저작권법이 가지는 의미를 함축적으로 표현한 법률이라고 할 수 있다.

미국 디지털밀레니엄저작권법은 다음과 같이 모두 5편으로 이루어져 있고, 22개의 주요 조문으로 구성되어 있다.[56]

제1편은 1996년에 체결된 WCT를 국내에 시행하는 법률[57]이고, 제2편은 온라인 사업자의 책임제한에 관한 별도의 법률[58]이다. 특히 제1편은 WIPO 디지털 의제를 처음으로 국내 입법한 사례로 꼽힌다. 또한 기술조치의 무력화와 저작권관리정보의 보호를 위하여 미국 저작권법 제17편에 이러한 두 가지 새로운 금지 의무를 부과하였다. 온라인 서비스 제공자들에 의한 저작권 침해의 책임을 제한하는 것에 있어 제한되는 책임유형으로는 순간적인 디지털 네트워크 통신, 시스템 캐쉬, 이용자의 지시에 의한 시스템 또는 네트워크상에 저장된 정보, 정보 소통을 위한 도구 등으로 규정하고 있다.

제3편은 컴퓨터유지경쟁보장법[59]으로서 컴퓨터의 유지 및 보수와 관련한 저작권법의 일부 개정 내용을 담고 있는데, 이에 따르면 컴퓨터 보수 및 유지 업무자가 컴퓨터 수선을 위하여 필요한 범위 내에서 연결하여 컴퓨터프로그램을 사용하는 경우에는 프로그램저작자의 복제권을 침해하는 것이 아니라고 규정하고 있다. 이 규정

---

56) 이 법의 원문은 Public Law 105-304(98/10/28), H.R. 2281에 수록되어 있고, 총 5편의 법률 중 제1편과 제2편은 저작권심의조정위원회에서 발행하는 「계간 저작권」에 발췌된 번역문이 게재되어 있다. 최경수·이영록, "미국 개정 저작권법(발췌)", 「계간 저작권」 1998년 겨울호, pp. 91~112 참조.

57) WIPO Copyright and Performance and Phonograms Treaties Implementation Act of 1998.

58) Online Copyright Infringement Liability Limitation Act.

59) Computer Maintenance Competition Assurance Act.

에 따라 컴퓨터 수선업자의 RAM에의 일시적 저장은 복제권의 침해를 구성하지 않을 수 있는 근거가 마련된 셈이다.

제4편은 잡칙(miscellaneous)으로서 6개의 조문으로 특허·저작권청 업무 개선 및 원격교육에 관한 것 등 저작권법을 부분적으로 손질하는 여러 규정을 두고 있다.

끝으로 제5편은 일명 '선박디자인보호법' [60]이라 불리는 것으로 특정한 원본 디자인 보호에 관한 법률이다. 2000년 10월 28일부터 시행된 이 법은 다만, 디지털 시대의 새로운 법으로서의 모습을 갖추었으면서도 데이터베이스 보호에 관한 규정이 관련업계의 반발로 인해 최종 입법과정에서 삭제됐다는 점 때문에 문제가 되었다.

한편, 미국의 저작권정보관리시스템인 CORDS[61]는 1993년 2월 저작권청이 미국 의회도서관 및 국가검색진흥협회와 공동으로 개발에 착수하여 1996년부터 정보제공 서비스를 실시하고 있다. 이 시스템은 인터넷과 같은 통신망에서 디지털 형태로 전송되는 저작권 신청, 저작물, 저작권 관련 문서의 저작권 등록 및 저장을 위한 시스템을 개발하고 테스트하는 데 그 목적을 두고 있다.

3) 일본 개정저작권법

일본은 1997년 6월 10일 제140회 국회에서 저작권법의 일부를 개정하는 법률이 통과되어 같은 해 6월 19일 법률 제86호로 공포된 바 있으며, 이 법률은 또한 1998년 1월 1일자로 시행되기 시작했다. 일본이 저작권법을 개정하게 된 배경에는 인터넷과 LAN 등 네트워크 기술의 발전에 따른 관련 규정을 신설 또는 개정함으로써 디지털 환경에 합리적으로 대응하기 위한 것이었다. 그 내용은 크게 네 가지로 요약된다.

---

60) The Vessel Hull Design Protection Act.

61) Copyright Office Electronic Registration, Recordation & Deposit System.

첫째, 공중에의 송신에 관한 용어의 정의를 정리하고 있다는 점이다. 즉, 1986년 일본 저작권법 개정 이후 쌍방향 송신(interactive transmission)[62]은 유선에 관해서는 유선통신, 무선에 관해서는 방송에 포함된다고 해석했으나 이를 개정하여 유무선 쌍방향 송신을 '자동공중송신'이라는 명칭으로 정의함과 동시에 공중에의 송신 전체를 '공중송신(公衆送信)'으로 용어를 정리한 것이다. 이렇게 개정한 이유는 인터넷으로 대표되는 디지털 환경에서 개인용 컴퓨터를 핸드폰에 접속하여 송신 또는 수신하는 것처럼 유선과 무선을 병용하는 송신형태가 등장하면서 유·무선을 구별할 필요성이 적어지게 되었기 때문이다.

둘째, 실연자 및 음반제작자에 관한 권리로서 '공중송신권'을 신설했다는 점이다.

셋째, 저작권의 범위를 확대하여 종래의 저작권에 쌍방향 송신 행위를 대상으로 하는 '송신가능화권'을 포함하였다는 점이다. 이 개정법은 제23조에서 저작권자의 공중송신권 대상이 되는 공중송신 범위에 '송신가능화권'을 포함시킴으로써 공중에의 송신이 행해지지 않더라도 서버에 입력, 즉 업로드(upload) 등이 행해진 시점에 저작자의 공중송신권 효력이 발생하도록 규정하고 있다.[63]

넷째, 컴퓨터프로그램에 대해 동일구역 내에서 공중에게 하는 유선송신을 저작자의 권리 대상으로 삼았다는 점이다. 개정 전의 법에 의하면 동일구역 내에서의 유선전기통신의 송신은 유선송신 개념에서 제외되었으나 개정법에서는 컴퓨터프로그램저작물의 LAN을 통한 송신을 위의 예외에서 삭제함으로써

---

62) 쌍방향 송신이란 공중을 대상으로 한 송신 중에 정보가 항상 공중에게 송신되고 있는 방송 등과는 달리 '서버'라고 불리는 송신용 컴퓨터에 입력되어 있는 정보가 공중의 단말기로부터 요구(접속)가 있는 경우에만 송신되는 형태를 가리킨다.

63) 송신가능화란 WCT의 'making available to the public'을 말하며, 일본 개정법은 "법에서 정한 방법에 따라 자동공중송신하여 얻을 수 있도록 한 상태이다"라고 정의함으로써 자동공중송신 이외의 경우에는 송신가능화라는 개념은 적용되지 않는다고 규정하고 있다.

공중송신권 안에 LAN에 의한 송신을 포함시켰다. 이는 구내 LAN의 발달에 따라 컴퓨터프로그램의 경우 원본 하나만 구입, 그 복제물을 LAN을 통해 송신하고 각 단말기의 RAM에 저장하는 것이 일반화되어 있으므로 저작자의 권리보호를 위해 이를 공중송신권 대상에 포함시킨 것이다.

한편, 일본문화청 저작권국은 저작권정보서비스센터(J-CIS)[64]를 구축하였으며, 이와 관련한 최초의 움직임은 1990년대에 들어와 시작되었다. 먼저 일본에서는 1992년에 디지털화된 개인저작물에 대한 보상시스템(compensation system)의 도입이 이루어졌고, 이어 문화청의 저작권위원회 안에 '멀티미디어분과'를 설립했다. 이후 종합적 저작권정보공급업체의 설립을 위해 1993년 문화청이 주관한 '멀티미디어 저작권위원회'에서 저작권정보서비스 체제 및 기구의 설립을 건의한 바 있다.[65] 그리하여 1995년부터 1996년까지 이용자 수요, 집중관리단체의 저작권정보관리 현황, 서비스 공급업체의 기술적 측면을 조사했고, 이어 1997년에 모델 데이터베이스시스템을 개발하여 저작권관리정보제공 시범서비스를 실시하기 시작했다.

---

64) Japan Copyright Information Service Center.
65) 저작권위원회의 보고서를 요약하면 다음과 같다.
　(1) 배경: 최근 전자출판과 같은 디지털 기술의 발전과 더불어 영상저작물, 어문저작물, 음반과 컴퓨터프로그램 같은 여러 종류의 저작물이 융합되고 있다. 또한 멀티미디어 기술에 의한 저장, 개작, 전송, 전시, 상영 등 저작물 이용의 새로운 기법들이 개발되었다. 저작자의 보호와 저작물의 원활한 이용이라는 두 가지 가치를 균형 있게 추구하기 위하여 뉴미디어 현상과 기존의 전통적인 권리와 저작권의 제한 등의 관계가 검토되어야 한다.
　(2) 검토사항: ① 멀티미디어저작물의 보호방법 ② 저작재산권, 저작인격권 및 인접권의 보호와 멀티미디어저작물의 창작에 사용되는 저작물 이용간의 관계 ③ 저작물의 이용과 저작재산권 제한의 관계 ④ 멀티미디어 기술 발전에 대응하기 위한 새로운 권리처리의 방법. 따라서 새로운 이슈들을 다룰 분과위원회의 설립이 필요하다.

제2장 _ 디지털 미디어와 저작권 보호의 한계

1. 저작권 보호의 목적과 저작물성

(1) 저작권법의 목적

현행 저작권법 제1조에서는 "이 법은 저작자의 권리와 이에 인접하는 권리를 보호하고 저작물의 공정한 이용을 도모함으로써 문화의 향상 발전에 이바지함을 목적으로 한다"고 밝히고 있다. 일반적으로 권리란 '법에서 인정하는 힘'이며 이는 또 공권(公權)과 사권(私權)으로 나눌 수 있다면, 저작권은 저작자 개개인의 권리를 보호하기 위해 부여된 것이므로 사권에 해당된다. 그리고 사권은 재산권과 인격권으로 나눌 수 있는데, 개인의 재산적·경제적 이익을 보호하기 위한 재산권에는 민법상의 물권(物權)과 채권(債權)이 대표적이며 양도나 상속이 가능한 반면, 인격권은 개인의 인격적 이익을 보호하기 위한 것이므로 개인의 일신에 전속하고 양도나 상속을 할 수 없다.

그런데 저작권에는 재산권과 인격권이 포괄되어 있어서 그것을 분리하는 것이 어렵다. 또한 저작권은 물권에서처럼 유체물을 대상으로 하지 않고 무체물을 대상으로 한다는 점에서, 그리고 일반적인 소유권은 영구적인 데 비하여 보호기간이 한정되어 있다는 점에서 다르다. 그래서 저작권은 특허권 등과 함께 무체재산권 또는 지적재산권, 지적소유권이라고 불리기도 한다. 다만, 특허권·실용신안권·의장권·상표권 등의 산업재산권은 그것이 개인의 권리 보호뿐만 아니라 산업의 발전을 목적으로 하고 일정한 요건을 갖추어 특허청에 등록해야만 권리가 발생하지만, 저작권은 문화의 향상 발전을 목적으로 하며 어떠한 절차나 요건이 필요하지 않고 오직 저작물의 창작과 동시에 권리가 발생한다는 점에서 그 성질이 다르다.

아울러 저작권법은 단순히 저작권자의 이익을 보호하기 위해서만 존재하는 것이 아니며, 오히려 저작권자와 이용자 사이의 관계를 합리적으로 규율해 주는 측면이 더 강하다. 저작물의 이용을 규제하기 위한 수단이 아니라 정당한 권리자들(저작권자와 정당하게 이용허락을 받은 모든 이들)을 두루 보호하기 위한 합리적인 장치인 셈이다.

(2) 저작물의 요건

어느 저작물이 저작권법에 따라 보호를 받으려면 저작물로서의 요건, 즉 저작물성을 충족시켜야 한다. 문제는 저작권법의 정의 규정에서 밝히고 있는 저작물의 뜻, 즉 "문학·학술 또는 예술의 범위에 속하는 창작물"로서의 저작물의 요건은 무엇이며, 요건 중의 하나로 뚜렷이 명시되어 있는 창작성 여부를 어떻게 판단하느냐 하는 것이다. 이를 그대로 해석한다면 창작성이 없는 저작물은 저작권법의 보호를 받을 수 없다는 것으로 해석될 여지가 있기 때문이다.

결국 이러한 저작물의 요건은 크게 세 가지로 나누어 볼 수 있다. 첫째로는 문학이나 학술, 또는 예술의 범위에 속해야 하고, 둘째로는 창작성 내지 독창성이 있어야 하며, 셋째로는 대외적으로 표현된 것이어야 한다. 곧 저작물이란, 특별한 요건을 갖춘 것이라기보다는 문학적이든 학술적이든, 혹은 예술적이든 개인의 독창성이 엿보이는 것으로서 이용 가능한 상태에 놓여 있는 것이라고 할 수 있겠다.[66] 따라서 그것의 수준에 관계없이 저작권은 내포되어 있으며, 어떤 절차나 방식이 필요 없이 창작과 동시에 생기는 권리가 바로 저작권이다.

한편, 저작물은 다른 사람이 그것을 원저작물로 하여 2차적 저작, 즉 번역·편곡·변형·각색·영상제작 등의 방법으로 재창작할 수 있으며, 여러 저작물을

---

[66] 영국이나 미국의 판례에 의하면 저작물의 표현이 타인의 저작물의 표현으로부터 복제한 것이 아니라 독자적인 노력, 기능 및 자본이 투입된 결과이면 된다고 해석되고 있으며, 독일이나 일본의 경우에는 보다 더 높은 수준, 즉 비교적 창작성이 낮은 평범한 수준의 저작물에 대해서는 저작권의 성립을 부인하는 등 보호받을 만한 상당한 창작성이 요구된다. 정상조(1992), "저작물의 창작성과 저작권법의 역할", 『한국 저작권논문선집 I』, 서울: 저작권심의조정위원회, pp. 229~241 참조.

선택하여 창작적으로 배열함으로써 편집저작물을 만들 수도 있다. 이러한 2차적 저작물이나 편집저작물도 엄연한 저작물이므로 그것을 작성한 사람 역시 저작자가 될 수 있다. 다만, 원저작자의 권리에는 영향을 미치지 않으므로 미리 이용에 따른 허락을 받아야 온전한 권리를 행사할 수 있다.

(3) 저작자의 추정

당연한 일이지만 사실상의 저작행위를 함으로써 "저작물을 창작해 낸 사람"이 저작자(著作者 ; author)가 된다. 그러므로 숨겨져 있던 다른 사람의 저작물을 발견하거나 발굴해 낸 사람, 저작물의 작성을 의뢰한 사람, 저작에 관한 아이디어나 조언을 한 사람, 저작을 하는 동안 옆에서 도와주었거나 자료를 제공한 사람 등은 저작자가 될 수 없다. 또, 저작물의 내용이나 수준은 문제가 되지 않으므로 직업적인 문인이나 학자, 또는 예술가가 아니라도 저작행위만 있으면 누구든지 저작자가 될 수 있다. 따라서 법률상 무능력자로 취급되는 미성년자나 정신이상자라 할지라도 저작행위를 했다면 저작자가 된다. 나아가 자연인으로서의 개인뿐만 아니라 단체 또는 법인도 저작자가 될 수 있으며,[67] 저작물에는 2차적 저작물과 편집저작물도 포함되어 있으므로 2차적 저작물 또는 편집저작물의 작성자 또한 저작자가 될 수 있다.

한편, 저작인격권은 저작자 일신에 전속되므로 별 문제가 없지만 저작재산권은 전체 또는 부분적인 권리를 제3자에게 양도하거나 상속할 수도 있으므로 그럴 경우에는 일정 권리를 양도 또는 상속받은 사람이 저작재산권자가 된다. 그러므로 저작자와 저작재산권자는 일치하지 않을 수도 있다는 점에 주의해야 한다.

---

67) 독일 저작권법에서는 저작자로 자연인만을 인정하고 있으나 우리나라는 미국, 일본, 영국 등의 입법례에 따라 법인저작자를 인정하고 있다.

2. 저작물의 디지털화와 저작권 보호의 한계

(1) 뉴 미디어와 저작권의 상관성

최근 매체환경의 변화를 주도하고 있는 두 가지 요인은 정보의 디지털화(digitalized)와 네트워크화(networking)라고 할 수 있으며, 특히 디지털 기술은 매체와 결합하여 변환처리를 자유롭게 해 주면서 전송과 축적, 가공에 있어 그 수준의 질적 저하가 없을 뿐만 아니라 서로 다른 매체와 통합이용까지 가능하게 해 주고 있다. 이러한 특성 때문에 디지털 형태의 저작물은 용이하면서도 신속하고 정확하게 유통될 수 있으며, 디지털 형태로 저장된 저작물은 흔적 없이 무단으로 복제될 수도 있다. 이처럼 뉴 미디어로서의 디지털 기술이 올드 미디어로서의 아날로그 환경을 대체함으로써 종래의 저작권 개념을 적용함에 있어 여러 가지 복잡한 문제를 낳고 있다.

이러한 매체의 발전과정은 새로운 매체, 즉 뉴 미디어의 생성이 거듭됨에 따라 엄청난 발전을 이루어 현재는 기존의 매체인 인쇄 또는 전기·전파에 의한 것들이 정보처리장치(컴퓨터) 및 통신과 결합하여 종합적으로 구현되는 정보통신매체 시대를 통과하고 있다. 물론 기존 매체들도 일부 혼용되고 있으므로 저작물을 유형적으로 표현할 수 있는 매체의 수가 그만큼 많아져서 그에 따르는 권리에 대한 경제적 가치 또한 매우 커졌다고 할 수 있다. 이를 다시 정리하면, 최초로 정보의 기록·저장·전달을 가능하게 했던 활자매체 시대를 제1기, 거리의 시간 개념을 초월한 정보 전달을 가능하게 했던 전파매체 시대를 제2기, 음성 위주의 정보 전달에서 화상의 전달을 가능하게 했던 비디오매체를 제3기로 구분할 수 있으며, 현대사회는 기존 매체가 복합적인 형태로 나타나는 뉴 미디어로서의 제4기에 이르렀다고 할 수 있다.[68] 물론 뉴 미디어라 하더라도 많은 수용자들에게 정보와 오락적 요소들을 편리하고 저렴한 가격으로 제공한다는 측면에서는 올드 미디어와 같다고 할 수 있다. 다만, 뉴 미디어가 보다 더 그러한 범위를 확장시키고 또 다른 여러 기능들이 눈에 띄게 발전되었기 때문에 운영능력 면에서 뛰어나다고 볼 수 있다.[69] 뉴 미디어는 모든 커뮤니케이션 체계가 이원적 또는 쌍방적으로 바뀌어 상호작용 커뮤니케이션을 가능하게 해 주며, 탈대중화 양상을 초래하고, 모든 것이 전자식으로 바뀌며, 비동시성을 갖는다는 점에서 비약적이다.

아울러 이러한 뉴 미디어는 완성형이 아닌, 계속 실험되고 있거나 발전이 진행되고 있는 매우 포괄적인 개념이며, 기존의 매체기술과 새로운 기술들이 서로 연계·복합되면서 새롭게 구성되는 정보 유통의 수단이다. 뉴 미디어의 가장 중요한 혁신은 이용자들이 어떠한 종류의 정보 서비스를 원하고 언제 그러한 정보를 받고자 하는지, 또한 어떠한 형태로 정보를 얻고자 하는가를 스스로 결정할 수 있는 쌍방향적인 성격을 가진 전자채널을 통해 소리와 영상, 인쇄물 등을 제공한다는 것이다.[70]

널리 알려진 바와 같이 인쇄매체의 역사는 우리나라에서 최초로 금속활자를 발명한 시기로 보면 무려 7백 년 이상, 구텐베르크의 인쇄술 발명을 기점으로 삼아도 5백 년 이상 되었다면 PC통신과 인터넷으로 대표되는 전자매체는 그야말로 비교가 되지 않을 만큼 짧은 역사를 갖고 있다. 그러나 그 파급효과에 있어서는 역사의 깊이와는 반대로 전자매체에 의해 주도되고 있으며, 인쇄매체는 첨단 정보기술과 결합하여 새로운 매체로 거듭나거나 점차 그 입지를 잃어가고 있는 형국이다.

---

68) 김우룡(1991), 『뉴미디어 개론』, 서울: 나남, pp. 58~59.

69) Wilson P. Dizard, Jr.(1997), *Old Media, New Media: Mass Communications in the Information Age*, New York: Addison Wesley Longman Inc.; 이민규 역(1997), 『올드미디어 뉴미디어─정보화시대의 매스커뮤니케이션』, 서울: 나남출판, p. 46.

70) Wilson P. Dizard, Jr.(1997), 이민규 역(1997), 위의 책, pp. 27~28.

자본주의의 발전은 기술의 발전과 궤를 같이 한다. 18세기의 산업혁명이 진행된 이래 20세기 과학기술혁명에 이르기까지 기술의 발전은 일상생활 구조에 커다란 영향을 미쳐 왔다. 그리고 20세기 말에 촉발된 정보통신혁명[71]은 산업혁명이 인류사회에 미친 영향력보다도 더욱 엄청난 변화를 가져올 것이라는 전망이 제기되기도 한다. 새로운 현실에 대하여 많은 사람들이 혁명적인 변화라고 말한다.[72] 그중에서도 인터넷은 정보통신혁명을 가져온 기폭제와 같은 것이었다. 실제로 인터넷은 인류역사상 가장 급속하게 확산되고 있는 매체이다.[73] 이처럼 인터넷에 주목하는 이유는 인터넷의 출현으로 커뮤니케이션 환경이 크게 변하였기 때문이다. 인터넷은 디지털 기술을 기본으로 하여 운영되는 커뮤니케이션 시스템이다. 이 디지털 기술은 정보통신 분야의 융합화 현상을 촉진하고 있다. 한마디로 새로운 인터넷 비즈니스가 속속 탄생하고 있는 것이다. 바로 이러한 변화 추세 속에 저작권이 함께 존재한다. 엄청난 부가가치를 지닌 산업 분야로도 손색이 없는 저작권 산업의 거대한 모습이 서서히 드러나고 있는 것이다.

---

71) 기술의 발전을 서술하기 위해 과학기술혁명, 디지털혁명, 정보통신혁명 등 여러 가지 용어가 사용되고 있다. 이와 더불어, 현대사회의 변화를 설명하는 용어로는 정보사회, 소비자본주의, 사이버자본주의, 포스트포디즘, 포스트모더니즘, 극장사회, 관료조작소비사회 등이 사용되고 있다. 저작권심의조정위원회(1996), 『멀티미디어 시대의 저작권 대책』, p. 25.

72) 하지만 사회혁명은 장기적인 과정을 통하여 이루어지는 전반적인 사회변혁을 뜻한다. 사회혁명이란, 생산양식과 사회관계의 변화에서 시작하여 생활 및 가치관 전반의 변화가 이루어지는 것을 의미한다. 이러한 사회혁명은 하루아침에 갑자기 이루어지지 않는다. 산업혁명은 2백 년 동안 지속된 장기적 과정이었다. 이러한 맥락에서 현재의 디지털 혁명도 중장기적 관점에서 살펴볼 필요가 있다. 저작권심의조정위원회(1996), 위의 자료, pp. 25~26 참조.

73) 모건 스탠리(Morgan Stanley)사의 연구에 의하면 미국에서 5천만 가구에 라디오가 보급되기까지 걸린 시간은 38년, 텔레비전은 13년, 케이블TV는 10년이었다. 이에 반해 인터넷과 같은 전자매체는 단 5년밖에 걸리지 않았다. 이민규(1997), "사이버저널리즘 기술동향과 미래", 『신문과방송』, p. 29.

(2) 디지털 미디어 시대에 저작권이 갖는 의미[74]

인쇄매체와 전자매체가 구분되는 출발점은 전자매체의 기술적 특성으로 인해 네트워크가 제공하는 환경이 기존의 매체환경과 비교했을 때 완전히 새로워졌다는 데에 있다. 커뮤니케이션 매체로서의 전자매체가 갖는 특성 또한 크게 달라져서 인쇄매체가 기존의 생산과 유통방식을 벗어나 전자매체의 한 부분으로 융합되고 있다. 그리하여 이러한 결합은 기존의 인쇄매체가 갖고 있는 고유한 성격을 바꾸어 놓기 시작했다. 즉, 인쇄매체가 문자공간의 상품이라면 전자매체는 디지털·네트워크 공간에서의 상품에 해당하는 것이다. 따라서 전자공간에서의 전자매체와 문자공간에서의 인쇄매체는 정보의 생산, 가공, 분배되는 과정에 있어서 질적 차이가 존재할 수밖에 없다. 이러한 맥락에서 인쇄매체의 전자화(디지털화)가 내포하고 있는 저작권적 함의를 살펴보면 다음과 같다.

1) 매체기술의 차원

18세기 초부터 영국을 시발점으로 강구되어 온 인간의 지적 활동에 대한 보호방안은 그 창조적 내용을 기록하고 전파하는 매체기술의 진전에 따라 첨삭 및 수정과정을 거치면서 적절한 대응을 모색해 왔다. 그리하여 저작권이 초기에는 그 내용을 창작한 저작자 개인의 명예를 존중하기 위한 방안에서 비롯된 측면이 강했다면 시대가 변하면서 저작권 보호의 개념도 경제적인 측면에서 이용 저작물에 대한 보상이 우선하는 방향으로 변화하고 있다. 즉, 저작물을 창작한 저작자의 인격을 존중하는 차원에서 저작자의 명예를 인정하는 것이 더 중요하므로 그 소유권의 한계를 명확하게 해 주는 것이 최선의 보호방안이라고 인식했던 추세가 점차 지적 노력을 기울인 창작행위의 대가를 금전적으로 파악

---

74) 김기태(2000), "뉴 미디어의 기술진전과 저작권 보호에 관한 연구", 경희대학교 대학원 박사학위논문, pp. 42~50 참조.

하여 저작자에게 지불해야 한다는 창작성에 대한 보호개념으로 바뀌고 있는 것
이다.

국내 저작권법의 경우 그 입법 취지와 목적에 있어 저작권자 및 저작인접권
자를 보호하고, 저작물로 대표되는 문화적 산물의 공정이용을 도모하며, 궁극
적으로는 문화의 향상 발전에 기여하기 위해 제정되었으며, 저작자가 갖는 기
본적인 권리는 인격적 권익을 보호받을 수 있는 저작인격권과 재산적 이익을
보호받을 수 있는 저작재산권으로 크게 나뉘고 있다. 그러나 국내 저작권법의
상당 부분이 기존 저작물의 이용형태, 즉 인쇄매체 중심으로 규정되어 있었기
때문에 새롭게 등장하고 있는 뉴 미디어의 기술에 적용하기에는 무리가 따르는
부분이 적지 않았다. 특히 디지털 기술은 저작물의 이용과 유통에 있어 중대한
변화를 가져왔으며, 이러한 변화의 결과로 나타나는 뉴 미디어의 특징은 다음
〈그림 1〉에서 보는 바와 같이 크게 네 가지로 요약할 수 있다.[75]

〈그림 1〉 저작권의 적용을 복잡하게 하는 디지털 미디어의 특징

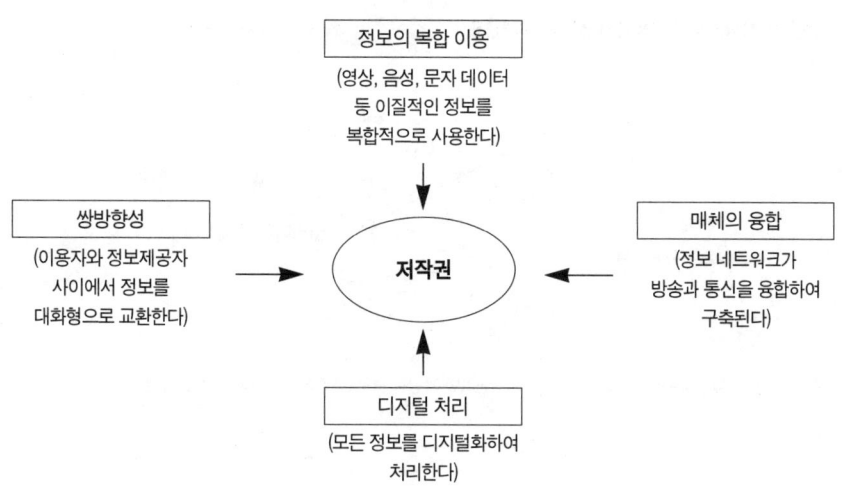

* 출처: 김기태(2000), "뉴 미디어의 기술진전과 저작권 보호에 관한 연구", 경희대학교 대학원 박사학위논문, p. 45.

첫째, 영상, 음성, 문자 데이터 등 서로 다른 성질의 정보를 복합적으로 이용할 수 있다.

둘째, 이용자와 정보 제공자 사이에 정보가 쌍방향으로 교환된다.

셋째, 모든 정보를 디지털화하여 사용할 수 있다.

넷째, 정보의 네트워크가 방송과 통신의 융합에 의하여 구축된다.

이처럼 복잡하고 다양한 디지털 미디어의 저작권적 문제 해결을 위해서는 법률적인 정의와 규정이 개선되어야 한다. 이는 곧 종래의 저작권법으로는 뉴 미디어의 기술진전에 따라 등장한 디지털 미디어의 저작권 보호가 불가능하다는 것을 뜻한다. 특히 멀티미디어로 표현되는 저작물은 저작자, 저작권자, 저작인접권자, 그리고 이용자 사이에 연관되어 있는 권익의 문제가 복잡하게 얽혀 있기 때문에 기존의 법적 기준으로는 더 이상 보호하기 어렵다는 현실적 인식이 확대되고 있는 것이다.

〈그림 2〉 저작권자와 이용자의 권리관계 개념도

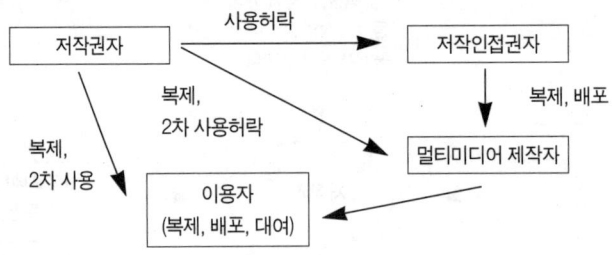

* 출처: 김기태(2000), "뉴 미디어의 기술진전과 저작권 보호에 관한 연구", 경희대학교 대학원 박사학위논문, p. 45.

---

75) 윤선영(1997), "멀티미디어저작물의 저작권 보호에 관한 연구", 중앙대학교 대학원 문헌정보학과 박사학위논문, pp. 16~17.

2) 보호 대상의 차원

저작권법이 보장하고 있는 저작재산권에 기인하여 보호받는 저작물이 유형화된 대상물은 시대의 흐름에 따라 지속적으로 변천해 왔다. 따라서 디지털 환경의 영향이 날로 중대되고 있는 상황에서 다시 그 대상물에 대한 논의가 빈번해지고 있는 것은 당연한 일이다. 저작권 보호 대상으로서 간주되는 유형물의 변천은 그것이 담고 있는 저작물의 내용이라는 측면과 사용자의 역할이라는 측면에서 살펴볼 수 있다. 저작물 내용의 발달사적 측면에서 보면 먼저 그것은 전통적으로 상징적인 것이었으나 점차 감각적으로 변화하는 양상을 보이고 있다. 즉, 전통적인 저작물에서 보면 글자, 숫자, 기호 등에 의해 이루어진 상징적인 내용을 담고 있었다. 인쇄의 방법으로 만들어진 매체들이 모두 이 부류에 속하는 것들이다. 다음 단계로는 소리나 영상의 상징을 담고 있는 것이 아니라 아예 그 자체를 담고 있는 저작물의 등장을 들 수 있다. 이러한 저작물에는 음반이나 영상저작물이 해당된다. 그리고 이제 디지털 환경에서 개발되고 이용되는 저작물의 내용은 주로 감각적인 특성을 띠고 있는데, 그 대표적인 예가 이른바 '가상공간'에 들어 있는 저작물이다.

또한 저작물의 형태가 발달함에 따라 저작물 사용자의 입장도 변화해 왔다. 기존의 매체를 이용했던 전통적인 저작물 이용자들은 그 이용에 있어서 다분히 수동적이었다. 즉, 저작물을 보거나 듣거나 하는 행위에 있어 이용자의 역할이 제한되어 있었던 것이다. 어문저작물, 음악저작물, 미술저작물 등의 이용자들 모두가 그런 특성을 보였다. 그러나 이제 디지털 환경 속에 등장한 각종 저작물들은 이용자의 보다 적극적인 역할을 요구하기 시작했다. 이른바 쌍방향 커뮤니케이션에 입각한 저작물 이용행위가 보편화하고 있는 것이다. 결국 인쇄매체 중심으로 짜여진 저작권 제도의 틀 안에서는 디지털 환경에 능동적으로 대처할 수 없으므로 매체의 디지털화가 품고 있는 어떠한 특성들이 새로운 저작권 제도에 반영되어야 할 것인가에 대한 신중한 연구와 검토가 있어야 하며, 특히 다음과 같은 디지털화의 특징은 저작권 보호 대상을 판단함에 있어서 반드시 고려되어야 할 것이다.

첫째, 저작물의 전송방법과 이용형태가 종전의 방법과 다르다.

둘째, 디지털화의 급속한 진전에 따른 고품질 저작물의 전달이 가능하다.

셋째, 저작물의 창작자와 이용자와의 경계 구분이 모호해져 가고 있다.

넷째, 고품질의 정보에 대한 접근이 자유롭기 때문에 저작권 보호의 당위성에 대한 인식이 희박해질 수 있다.

다섯째, 저작물 가공이 손쉬워짐으로써 이른바 '순수저작물'의 창작의욕이 저하될 수 있다.

여섯째, 정보가 대량으로 전달됨으로써 종래와 같은 복제에 따른 대가 지급방식이 사용에 따른 대가에 대한 지급형태로 변화하고 있다.

3) 규제방법의 차원

인쇄매체의 전자화에 절대적으로 기여한 컴퓨터는 정보가 전이되고 사용되는 과정에 영향을 미쳐 정보를 덧붙이고, 빼고, 바꾸는 행위를 쉽게 하였다. 인쇄된 도서의 경우 그 도서를 파괴하지 않고는 변형하는 것이 쉽지 않았던 것에 비한다면 매우 다른 상황이 도래한 것이다. 이러한 디지털 미디어 시대의 저작권법이 봉착한 어려움은 복제가 쉬워지고 증가하는 상황에서만 오는 것이 아니라 창조적 과정과 별 차이가 없을 정도로 복제가 섬세해지고 있다는 것과 깊은 관계가 있다. 전자매체는 때로 복제를 필요로 하고 조장함으로써 새로운 창조적 형태의 확산에 기여한다. 따라서 복제는 더 이상 목적이 아니고 다른 사람의 작품에서 이득을 보려는 목적을 가진 이른바 해적판 제작과 관련된 개념도 아니다. 이는 오히려 데이터에 새로운 도구를 새로운 방식으로 사용하는 더 큰 과정의 한 부분이 된 것이다. 이러한 과정에서 정보를 만드는 사람과 사용하는 사람과의 구분이 희미해지는데, 그 극단적인 예는 하이퍼텍스트(hypertext) 기능에서 찾을 수 있을 것이다.[76]

또 저작권법은 '발전'의 측면에서도 커다란 어려움에 부닥치고 있다. 만일 문화의 향상 발전 혹은 저작권자의 이익과 사용자의 편의를 도모하는 것이 저작권법이라면, 즉 '발전'을 위한 인센티브를 주는 것이 저작권법이라고 한다면, 무엇이 진정한 발전인지 알기 위해서는 가치생산의 요인을 이해하는 것이 필요하다. 그런데 컴퓨터를 이용한 창작과정에서는 이러한 가치가 과거의 지식을 다듬고, 엄청나게 많은 인류가 가진 정보들을 다시 정비하여 보급하고 배치하는 것에서 나온다는 사실에 주의해야 한다. 정보의 부족이 문제가 아니라 정보는 많아지는데 인간의 시간과 노력에 한계가 있으므로 많은 정보 중 정확하고 진실한 정보를 선택하는 능력, 정보를 정리하고 분석하여 시각을 제공하는 것, 즉 관련 정보를 해석하고 개개인의 상황에 관심을 갖고 이에 맞게 분석하여 서비스하는 것이 중요해진다. 이러한 상황에서 정보의 가치는 희소성을 바탕으로 한 소유에서 나오는 것이 아니라 인간의 행동, 서비스, 관계 등에서 나오는 것이다.

---

76) 예컨대, 하이퍼텍스트 소설이란 한 저자가 짧게 이야기의 전개 부분을 써서 전자게시판에 올리는 것으로 시작된다. 여기에 다른 사람들이 참가하여 각각 다른 결말을 내리고, 이 짧은 이야기들이 무수히 많은 방식과 순서로 읽히고 쓰여지는 것이다. 즉, 글쓰기에 참가한 사람 모두가 창작행위에 참가한 것이고, 심지어는 글을 쓰지 않은 독자들도 각각 이야기의 순서와 범위를 선택하여 읽음으로써 소설의 내용도 무수히 달라질 수 있다. 이렇게 정보 생산자와 수용자의 구분이 희미해지면서 독창성의 개념을 적용하는 것 역시 어려워진다. 과연 창조적 이용을 독창성으로 볼 수 있는가 하는 것인데, 아직 이러한 시각은 자리 잡지 못하고 있는 듯하다. 어쨌든 인쇄매체에서는 주로 한 명 내지 소수의 확인된 저자가 있었음에 비하여 하이퍼텍스트 소설의 경우 마치 오랜 옛날의 구전사회와 유사하게도 한 명의 저자, 공동저자, 다수의 저자, 알려지지 않은 무명저자들이 함께 존재할 수 있어 어디까지를 저작행위로, 누구를 저작자로 볼 것인지 등의 저작행위의 개념에 대해 문제를 제기하고 있다.

이렇게 인터넷을 비롯한 디지털 환경에서는 전통적인 의미에서의 정보 생산과정뿐만 아니라 정보의 서비스, 분배, 수용, 사용 및 전달 등의 과정에서의 독창성을 포함하는 가치창조 방법이 강조되는데, 현행 저작권법은 이러한 가치창조의 새로운 가능성을 포괄하지 못하고 있다. 현행 보호범위와 보상기준이 문화의 향상 발전이라는 궁극적인 목표와 합치하지 않을 수도 있다는 가능성에 주목할 필요가 있는 것이다.

한편, 매체의 전자화에 따른 법 개념의 총체적인 변화 가능성도 예견되고 있다. 정보 관련법 분야의 학자들 중 일부에서는 이미 인터넷 환경에서는 법적인 해결방식 대신에 사적인 영역에서의 자발적인 노력이 효과적일 수 있다는 점, 또한 연성법(soft-law)이라고 불리는 규범적이고 윤리적인 차원에서의 방식이 요구될 것임을 언급한 바 있다.[77] 예컨대, 현재 인터넷상의 음란물 규제와 같은 경우 가장 먼저 많은 국가들의 우려와 이를 해결하려는 시도가 있었지만 결국에는 국제적인 법체계의 수립에 실패하여 사업자들의 자율규제, 특정 내용이나 브라우저 차단기능이 내장된 기술적 해결방안, 부모의 교육 등 대체방법을 찾고 있다. 이 같은 움직임에는 인터넷상에서는 법의 적용과 집행이 어렵다는 점, 네티즌들의 강력한 반발과 자율규제 주장 등이 한몫을 하고 있는 것으로 보인다. 문제는 이러한 것들이 정보 관련법 분야에서만, 또는 사이버스페이스 관련법 분야에서만 일어나는 현상일 것이냐 하는 점이다. 음란물법이나 저작권법은 인터넷에만 적용되는 것이 아니다. 즉, 전자매체를 사용하지 않는 경우에도 불법물을 통제하는 기존의 법규가 존재한다.

그렇다면 사이버스페이스에서 느슨한 분쟁 해결방식과 규범적이고 윤리적인 차원의 자율규제를 채택한다고 했을 때 실제세계와의 일관성 문제가 발생할

---

77) 정보통신정책연구원(1998), 『정보사회에 대비한 일반법 연구 II』, 정보통신정책연구원 참고자료 98-02.

것이다. 결국 이러한 변화가 사이버스페이스뿐 아니라 실제세계의 법 원리에 까지 영향을 미칠 가능성을 가지고 있는 것인지, 직접적으로 정보 유통을 다루 는 법 분야뿐 아니라 전체적인 법 원리에까지 영향을 미칠 수 있는 것은 아닌지 주의 깊게 따져 보아야 할 것이다. 특히 정보화가 가장 많이 이루어졌다는 평가 를 받고 있는 미국에서 윤리적인 차원의 행동수칙이나 연성법 관련 논의가 가 장 많이 일어나고 있다는 사실은 어쩌면 앞으로 법체계와 원리가 발달해 나아 갈 방향을 보여 주는 것일 수도 있다. 어쨌든 논의의 상당 부분이 자율규제 및 대안적 분쟁 해결방식으로 귀결되는 현상은 우연이 아닌 것으로 보인다. 현재 흔히 말하는 대안적 분쟁해결제도는 한때 더 우위에 있는 메커니즘으로 생각되 었고, 지금 우리가 우월적 제도라고 믿는 '법'이 그 시기에는 대안적인 것이었 음을 생각할 때 정보사회에 있어서 법의 개념 자체와 사회적으로 근간이 되는 분쟁해결 장치의 개념에까지 변화를 주는 것이 불가능한 일은 아닐 것이다. 따 라서 법 전체에 일어나는 광범위한 변화를 인식한다면 이러한 변화가 말을 통 한 커뮤니케이션의 시대로부터 문자를 통한, 인쇄매체를 통한, 그리고 전자매 체를 통한 커뮤니케이션에 이르기까지 커뮤니케이션 매체의 변화과정과 어떻 게 연결되어 있는지를 체계적으로 연구하는 것이 반드시 필요하다.

3. 디지털 미디어와 저작권의 관계

(1) 저작물의 디지털화와 저작물성

기존의 매체는 각각의 고유영역이 확실하게 분화되어 있었다. 그러나 커뮤 니케이션 테크놀러지의 발달, 특히 디지털 기술의 보편화 양상에 따라 이러한 매체들은 통합화의 길로 들어서고 있다. 과거에는 단순한 인쇄매체였던 도서,

잡지, 신문 등이 멀티미디어화하면서 그것은 문자나 사진, 그림의 차원을 넘어 소리는 물론이고 동영상까지 포함하는 매체로 발전하고 있는 것이다. 이러한 양상을 띠는 유형의 매체를 가리켜 '멀티미디어'라고 하며, 저작물을 그 내용으로 하는 멀티미디어저작물[78]은 다음과 같은 점에서 기존의 매체와는 매우 다른 특징을 보이고 있다.

첫째, 전통적으로 서로 다른 저작물의 범주에 속하였던 텍스트, 그림, 일련의 영상 및 소리 등이 하나로 묶여진 저작물의 결합체라는 점이다.

둘째, 정보기술과 통신기술의 결합체라는 점이다.

셋째, 이용자와 시스템 사이에 쌍방향 대화가 가능하다는 점이다.

결국 단순매체로서 분화되어 있던 텍스트, 그림, 영상, 사진 및 소리 등을 함께 수록한 것을 가리켜 멀티미디어저작물이라고 할 수 있는데, 이를 좀더 구체적으로 정의한다면 "멀티미디어저작물이란 저작물의 형태가 다른 텍스트, 소리, 영상, 정지화상 및 동화상 등을 1개의 매체에 결합한 집합물로서 이용자가 특정한 장치를 통하여 정보를 얻을 수 있는 복합적 저작물"이라고 할 수 있을 것이다. 현행 저작권법 제4조에서는 보호받는 저작물로서 모두 아홉 가지를 예로 들고 있다.[79] 하지만 저작물의 예시에 앞서 핵심이 되는 것은 저작물의 요건은 무엇이며, 멀티미디어저작물 또한 저작물로 볼 수 있는가 하는 것이다.

---

78) '멀티미디어제작물' 또는 '멀티미디어저작물'이라는 용어를 구분하지 않고 사용하는 경우가 많다. 현행 저작권법상으로도 멀티미디어제작물은 아직 특정의 저작물로 분류된 바 없지만 '멀티미디어제작물'이라는 용어보다는 '멀티미디어저작물'이라는 용어를 사용하는 것이 향후 대책 마련에 도움이 될 것으로 보인다. 저작권심의조정위원회(1996), 『멀티미디어 시대의 저작권 대책』, p. 58 참조.

79) 어문저작물, 음악저작물, 연극저작물, 미술저작물, 건축저작물, 사진저작물, 영상저작물, 도형저작물, 컴퓨터프로그램저작물 등.

(2) 멀티미디어저작물의 분류기준

현행 저작권법에서 규정하고 있는 저작물의 유형에 따르면 저작물을 그 내용이나 수록매체에 따라 분류하고 있는 것이 아니라 저작물의 표현형상에 따라 분류하고 있음을 알 수 있다. 즉, 어문저작물은 소설이나 시, 또는 강연이나 연술 등 말과 글의 형상을 띠고 있으며, 음악저작물의 악보, 연극저작물의 몸동작, 미술저작물의 그림이나 형상, 건축저작물의 외관, 사진저작물의 현상, 영상저작물의 영상, 도형저작물의 도형들도 각 저작물의 형상을 나타내고 있다. 이처럼 저작물은 1차적으로 저작물의 표현형상에 따라 나뉘어지지만, 그것은 특정 매체와 결합하여 다시 출판물, 음반, 영상물 등으로 다시 나뉠 수 있다. 어문저작물의 글, 음악저작물의 악보, 미술저작물의 그림, 사진저작물의 현상, 도형저작물의 도형 등이 종이매체에 수록될 때에는 출판물이 되고, 어문저작물의 강연, 음악저작물의 악보에 따른 음악 등이 테이프나 CD 등에 녹음될 때에는 음반이 되며, 또한 어문저작물의 소설이나 각본을 영상화한 영상이나 또는 연극저작물의 몸동작을 비디오테이프에 담을 때에는 영상물이 된다.[80]

그러나 기초 저작물이 특정 매체와 결합하여 출판물, 음반 또는 영상저작물의 형태를 가진다고 해도 그것은 여전히 어문, 음악, 연극, 미술, 건축, 사진, 영상, 도형저작물 등으로 남아 있게 된다. 즉, 기초 저작물이 특정 매체와 결합하더라도 기초 저작물로서의 성질을 그대로 보유하게 된다는 뜻이다. 만일 멀티미디어저작물을 영상저작물의 범주에 포함시킨다면 현행 저작권법의 영상저작물에 관한 규정[81]이 전면 수정되어야 한다. 즉, 영상저작물은 영상화를 목적

---

80) 연극저작물을 원형 그대로 수록하지 않고 촬영자가 원근법 등의 촬영기법을 충분히 발휘하여 비디오테이프에 담는 경우에 그것은 영상저작물로 볼 수 있을 것이다. 그러나 연극무대를 원형 그대로 비디오테이프에 담는 경우, 이것은 원저작물에 대하여 어떠한 변형도 가하지 않고 단지 무형의 연극저작물을 유형물에 고정한 영상물로서의 복제물에 불과할 것이다. 저작권심의조정위원회(1996), 앞의 자료, p. 63.

으로 하고 있고, 그 영상화에 독창성이 있는 경우에 보호되는 규정이므로 멀티미디어에 단순히 복제된 것으로 볼 수 있는 텍스트나 사진을 영상저작물로 보기는 어렵기 때문이다.

또한 모든 멀티미디어저작물을 편집저작물로 분류하는 경우에도 멀티미디어제작자를 어떻게 보호할 것인가 하는 점이 대두된다. 다만, 이 경우에 데이터베이스를 편집저작물로 보호하고 그 자체에 독창성이 있는 경우에만 데이터베이스제작자를 저작자로 보호하듯이 멀티미디어제작자 역시 그 제작물에 수록되는 기초 저작물의 소재 선택이나 배열에 독창성이 있는 경우에만 보호하는 방안을 생각해 볼 수 있다는 점에서 영상저작물로 편입시키는 것보다는 유리하다고 볼 수 있다. 그렇다면 멀티미디어저작물은 과연 어떤 저작물의 범주에 속하는가 하는 점이 문제로 남게 된다. 위에서 살핀 것처럼 멀티미디어저작물이 영상저작물이나 편집저작물의 범주에 속하는 것으로 보는 견해도 있지만, 그 어떠한 분류도 멀티미디어저작물을 포괄할 수는 없기 때문이다.

4. 전자책(e-Book)과 저작권

(1) 종이책과 전자책의 어색한 만남

2000년 개정 저작권법에서 전송권을 신설한 이래 이러한 전송권에 대한 이해가 부족한 데다 전반적인 법적·제도적 일관성이 부족한 탓에 저작권자와 이용자 사이에 이를 둘러싼 대립 상황이 벌어지고 있다. 저작권자들은 권리의 확대만을 주장함으로써 이용자들과 마찰을 빚고 있고, 이용자들 또한 기득권과

---

81) 저작권법 제2조 제10호, "영상저작물 : 연속적인 영상(음의 수반 여부는 가리지 아니한다)이 수록된 창작물로서 그 영상을 기계 또는 전자장치에 의하여 재생하여 볼 수 있거나 보고 들을 수 있는 것을 말한다."

새로운 권리 사이에 어떠한 상관성이 있는지 파악하지 못한 채 소모성 논쟁에 휘말리고 있는 것이다.

이 같은 현상이 가장 심각한 분야는 바로 출판계이다. 기존의 출판권과 신생권리인 전송권, 그리고 개정된 복제권에 관한 조항 사이에는 어떠한 차이가 있는지 확실히 인지하지 못하다 보니 이러한 혼란이 점차 가중되고 있는 실정이다. 출판권은 1957년에 제정된 구(舊) 저작권법에서부터 줄곧 주요사항으로 명시되어 왔고, 현행 저작권법에서도 제3장에서 비중 있게 다루어지고 있다. 그러나 디지털 매체환경을 반영하여 대폭 개정된 2000년도 개정법에서 출판권 조항은 단 한 군데도 개정되지 않았다. 이는 전통적인 매체로서의 출판을 인정하면서도 그것을 여전히 아날로그 매체로만 한정함으로써 출판매체의 디지털화 양상을 전혀 반영하지 못하고 있다는 뜻을 내포하고 있다.

이미 도처에서 이른바 '전자책(e-Book)'[82]에 대한 논의가 활발해지면서 기술력 또한 점차 증대되고 있는 상황에서 조만간 마치 종이책의 장례절차가 논의될 듯한 분위기임에도 저작권 전문가를 포함하여 많은 출판인들이 전자책의 기술적 문제에만 집착했지 정작 그로 인해 생겨날 법적, 실무적 문제점들에 대해서는 전혀 대비하지 않고 있는 점은 유감이 아닐 수 없다. 이미 유수의 작가들이 전자책 개발업체와 앞다투어 저작권 이용허락계약을 맺고 있으며, 자칫 잘못하다가는 출판사들이 확보하고 있는 출판권마저 무용지물이 될지도 모르는 상황임에도 위기의식을 절감하지 못하고 있는 것은 위험천만한 일이 아닐 수 없다. 왜냐하면 기존의 '출판권'으로는 새로운 '전송권'에 대항할 법적 근거

---

82) 최초로 상용화된 전자책은 1998년 11월에 미국 실리콘밸리의 벤처기업인 누보미디어가 내놓은 'Rocket eBook'으로 알려져 있다. 문고판 책 크기로 무게는 0.6킬로그램 정도이지만 종이책을 기준으로 4천 쪽을 담을 수 있다. 책을 내려받는 데 걸리는 시간은 2분에서 5분 정도이며, 비용은 인쇄된 책보다 훨씬 저렴하다. 전자책 단말기에서 책의 크기도 마음대로 조절할 수 있다.

가 전혀 없기 때문이다.

(2) 저작권법상 출판 및 출판권의 개념

저작권법에서 말하는 출판권(出版權)이란 "저작물을 인쇄 그 밖의 이와 유사한 방법으로 문서(文書) 또는 도화(圖畵)로 발행하고자 하는 자가 이를 출판할 권리"라고 할 수 있다. 그런데 출판자가 이러한 출판권을 얻기 위해서는 그 저작물을 복제 및 배포함에 있어서 원권리자라고 할 수 있는 저작권자와 그에 따른 계약을 맺어야 한다. 하지만 과거 우리 출판계의 관행은 문서에 의한 출판계약보다는 구두(口頭)에 의한 것이 많았기에 분쟁의 소지가 매우 높았다. 그동안 우리 출판계에서 많이 이용되었거나 이용되고 있는 출판계약의 유형을 살펴보면 다음과 같다.[83]

첫째, 서면계약이 아닌 구두약정의 예를 들 수 있다.

물론 말로써 이루어지는 약정도 계약이 전혀 없었던 상태와는 근본적으로 다르므로 입증할 수만 있다면 법적인 효력을 갖지만, 견해의 차이로 인해 분쟁이 생겼을 경우 객관적 판단의 근거가 없으므로 입증하기 곤란한 지경에 이르는 것이 대부분이다. 따라서 각자 자기에게 유리한 기억과 주장을 내세우기 때문에 정당한 쪽의 권리가 반드시 지켜진다는 보장이 없다고 하겠다.

둘째, 문서에 의한 출판허락계약의 경우를 들 수 있다.

이는 저작권자가 출판자에 대하여 저작물의 이용을 허락하고 출판자는 그 저작물을 이용형태에 맞게, 즉 출판물의 형태로 만들어 판매의 방법으로 배포하는 것을 약정함으로써 성립되는 계약을 말한다. 그리고 이것은 단순출판허

---

83) 한승헌(1988), 『저작권의 법제와 실무』, 서울 : 삼민사, pp. 233~257 참조.

락계약과 독점출판허락계약으로 나눌 수 있다. 단순허락계약은 비독점적이며 비배타적인 효력을 갖는 것으로, 출판권자는 저작권자가 다른 출판자에게 같은 저작물을 출판할 권리를 준다 해도 대항할 수 없는 성격을 띠고 있다. 또한 독점허락계약에 있어서도 채권적(債權的)인 효력밖에 없으므로 계약위반이 생겼을 경우에 출판권자는 저작권자에 대하여 약속을 지키지 않은 것에 대한 추궁만 할 수 있을 뿐 제3의 출판자에 대하여 직접 항의하거나 출판물 배포의 금지 또는 손해의 배상을 요구할 권리는 주어지지 않는다.

셋째, 출판권설정계약의 유형이 있다.

이는 저작물의 이용허락계약과는 달리 설정계약에 정해진 범위 내에서 저작물을 발행하는 내용의 출판권을 설정하는 계약으로, 저작물의 직접적 지배를 내용으로 하기 때문에 설정출판권자는 그 저작물의 이용에 관하여 당연히 독점적이며 배타적인 권리를 행사할 수 있으며, 소정의 절차를 거쳐 등록을 하게 되면 제3자에게 대항할 수 있는 효력까지도 생긴다.

현행 저작권법 제3장에서 규정하고 있는 출판권의 존속기간, 출판자의 의무, 출판권의 소멸 등에 관한 것은 오늘날 흔하게 행해지고 있는 출판허락계약에는 적용되지 않는다. 저작권법에서 말하는 '출판권'이란 출판할 권리 전반을 가리키는 것이 아니라 출판권설정계약에 의해 생기는 준물권적인 '설정출판권'만을 뜻하는 것이기 때문이다. 그 밖에도 출판과 관련된 복제 및 배포는 물론 저작재산권자가 가지는 일체의 권리를 출판자에게 양도하는 '저작재산권양도계약'과 저작재산권의 일부인 복제권 및 배포권을 출판자에게 양도하는 '복제·배포권양도계약'의 유형이 있을 수 있다. 하지만 이는 저작재산권자의 주요 권리가 출판자에게 양도됨으로써 출판자는 출판뿐만 아니라 다른 이용형태에 대한 권리까지도 보장받게 된다는 측면에서 저작재산권자에게는 상당히 불

리한 계약이므로, 실제적인 가능성은 별로 없어 보인다.[84]

한편, '설정'이란 쌍방간의 계약에 의해 새로이 제한적인 물권 따위의 배타적 권리를 발생시키는 것을 말하며, 출판권 역시 그러한 설정의 대상이다. 다만, 저작권법에서는 설정할 수 있는 출판권에 대해 복제의 여러 방법 중에서도 "인쇄 또는 이와 유사한 방법"만을 규정하고 있으므로 녹음 또는 녹화에 의한 복제는 해당되지 않는 것으로 보이며, '문서 또는 도화'라고 하여 서적이나 잡지 또는 화집이나 사진집, 그리고 악보 등을 일컫는 것으로 보인다. 따라서 복제기술의 발달에 힘입어 새로이 선보이고 있는 비종이책, 즉 오디오북 또는 비디오북이라고 일컬어지는 것들이나 CD-ROM, 최근 논란이 되고 있는 이른바 전자책(e-Book) 등은 설정할 수 있는 출판권의 대상이 아니다. 결국 출판이란 "저작물을 인쇄 또는 이와 유사한 방법을 통해 문서 또는 도화의 형태로 복제해서 그 복제물을 배포하는 것"이며, 이와 같은 방법으로 출판할 수 있는 권리를 '출판권'이라 하고, 그러한 출판권을 복제권자로부터 설정받은 사람을 '출판권자'라 하는 것이다.

그 밖에 복제권을 목적으로 하는 질권이 설정되어 있는 경우에는 질권자의 허락이 있어야만 복제권자가 출판권을 설정할 수 있다. 따라서 질권이 설정되어 있음에도 이를 무시하고 출판권을 설정하는 복제권자가 있을 수 있으므로 출판권을 설정받고자 하는 사람은 반드시 저작권등록부를 확인할 필요가 있으며, 출판권을 설정받은 후에는 소정의 절차를 거쳐 설정 내용을 등록하는 것이 좋을 것이다. 또, 저작재산권이라 하지 않고 복제권이라고 했음에도 불구하고 복제권을 포함하는 저작재산권을 목적으로 하는 질권이 설정되었을 경우에는 그 질권자의 허락이 있어야만 출판권 설정이 가능하다는 점에 주의해야 한다.

---

84) 황적인·최현호(1990), 『저작물과 출판권』, 서울 : 한국문예학술저작권협회, pp. 90~93 참조.

(3) 전자책의 개념 및 특성

지금까지 전자책에 대한 개념정의는 다양한 각도에서 이루어져 왔으나 여전히 명확한 정의에는 이르지 못하고 있는 것으로 보이며, 여기서는 선행 연구자들의 정의를 먼저 살펴보고자 한다. 그동안 공표된 전자책에 관한 개념정의에는 다음과 같은 것들이 있다.

먼저 곽동철(2000)은 "콘텐트(contents)라고 불리고 있는 컴퓨터 파일로 이루어진 전문(full text) 정보를 인터넷을 통해 내려받아 개인용 컴퓨터, 노트북 컴퓨터, 개인용 정보단말기(PDA), 전자종이(electronic paper) 등에서 읽을 수 있는, 전자적으로 유통되는 정보자료를 말한다"라고 정의하고 있다.

또 문화관광부(2000. 12.) 연구용역에 따르면 "e-Book은 단말기를 말하는 경우도 있고, 화면책을 말하는 경우도 있다. 단말기를 뜻할 때에는 화면책을 읽는 장치를 말한다. 그러나 화면책의 뜻으로 e-Book을 말할 때에는 PC로 읽는 통신망용 책을 말한다. 통신망에 연결하여 읽는 책과 하드웨어인 단말기를 지적할 때를 혼동한다는 것이다. e-Book은 화면책의 한 종류로서 세 가지 종류가 있다. 첫째는 디지털 책을 읽는 전용 단말기 하드웨어이다. 둘째는 종이책의 내용을 워드프로세서로 쳐서 인터넷에 올려놓는 글틀 버전의 파일로 된 오프라인 화면책을 말한다. 셋째는 텍스트에 오디오와 비디오가 추가된 멀티미디어 화면책을 말한다. 출판 분야에서 말하는 e-Book은 하드웨어가 아닌 출판물로서의 e-Book을 말한다"고 정의하고 있다.

보다 최근의 연구로는 성대훈(2000)의 견해가 있다. 즉, "전자책은 저작자의 메시지를 전달자에 의해 디지털 형태로 가공(편집 및 레이아웃, 디지털로 변환된 자료)하여 전자저장매체(CD-ROM, CD-I, DVD)에 담거나 또는 전자책 파일의 형태를 유·무선통신망을 이용하여 전송하거나 오프라인으로 유통되어 전자책 전용뷰어(viewer)나 전용소프트웨어를 사용하여 보는 형태와 전자단말기를 통하여 볼 수 있는 새로운 출판물을 말한다"라고 정의한다.

결국 전자책이란 기존의 종이책과는 달리 컴퓨터 파일형태의 출판물을 전용뷰어를 통하여 컴퓨터나 전용단말기로 읽는 디지털 출판물을 말한다. 한편으로는 내용으로서의 콘텐트를 볼 수 있는 소프트웨어는 전용뷰어로, 하드웨어는 전자책 단말기로 분류하기도 한다. 하지만 일반적으로는 전자책이란 인터넷을 통하여 다운로드하는 것은 물론 전용뷰어를 통해 개인용 컴퓨터나 단말기, 개인용 정보단말기로 볼 수 있는 디지털출판 영역을 통칭하는 것이라고 할 수 있다.

이 같은 전자책은 또한 종이책과 비교했을 때 다음과 같은 면에서 장점을 지닌다.

① 비용의 절감: 전자책은 기존의 종이책에 비하여 조판비용이나 용지대, 인쇄비 및 제본비, 발송비 등이 들지 않기 때문에 제작 및 유통에 따른 비용을 획기적으로 줄일 수 있다.[85] 아울러 반품과 재고의 염려가 없다는 점도 큰 장점이다.

② 휴대의 편의성: 전자책 전용단말기나 복합단말기에 데이터화된 여러 권의 책을 휴대하는 형식이므로 부피가 큰 종이책을 여러 권 가지고 다닐 필요가 없다.

③ 비거리성: 전자책은 인터넷과 접목되어 있어 거리의 장애를 받지 않는다. 곧 서점에 가는 시간, 구매하는 시간, 또는 온라인 구매 후 기다리는 시간 등을 초월할 수 있다.

④ 영구성: 기존의 종이책은 종이의 수명이나 제본의 견고성 여부에 따라 책의 보존기간이 결정된다. 그러나 전자책은 그것의 유지와 보관이 용이하며 영구히 보

---

85) 그러나 이러한 비용절감은 기존의 종이책을 그대로 전자책으로 전환하였을 경우에만 해당된다. 멀티미디어 기능과 동영상 저작물이 첨부된 전자책으로 전환할 경우에는 오히려 종이책보다 더 많은 비용이 들 수 있다.

존 가능하다.

⑤ 변형성: 전자책은 변형성이 뛰어나다. 즉, 전자책은 동일한 내용을 다양한 형태로 표현하는 것이 가능하다. 기존의 종이책은 정형화되어 있어 어떠한 변형도 할 수 없는 반면, 전자책은 이른바 '다중이용(one-source multi-use)'이 가능하다는 점에서 차별화된다.

⑥ 환경보호: 전자책 제작에는 종이가 전혀 필요 없다는 점에서 펄프의 원료가 되는 나무의 벌채는 물론 인쇄과정에서의 잉크 및 각종 약품 사용이 억제됨으로써 환경오염과 배송과정에서의 차량 이용에 따른 대기오염 등을 줄일 수 있다.

⑦ 멀티미디어화: 음악, 영상 등의 멀티미디어가 포함된 콘텐트를 즐길 수 있으며, 전자책 상호간의 하이퍼링크가 가능하다.

⑧ 기능성: 전자책은 책의 원형을 훼손하지 않으며 사용자가 임의대로 메모를 하거나 밑줄을 긋고 다시 지우거나 할 수 있고, 책의 내용을 검색하거나 사전을 탑재하여 복합적인 독서를 가능하게 해 준다.[86]

⑨ 저렴한 가격: 국내에서의 전자책 가격은 종이책의 40% 내지 50% 선에서 책정되고 있다. 이는 개인 사용자의 경우에는 종이책에 비하여 절반 정도의 가격으로 구매할 수 있다는 전자책의 장점을 보여 주는 것이다.

⑩ 신속한 업그레이드: 전자책은 기술적인 특성상 그것이 담고 있는 콘텐트를 신속하고 용이하게 업데이트할 수 있다. 기존 종이책에서는 이미 발행된 도서가 소진되었을 경우 수정 사항 등을 재판에서 수정하여 업그레이드하는 방식을 취할 수밖에 없었기 때문에 그 기간이 오래 걸리는 단점을 안고 있었지만, 전자책에서는 그런 문제점을 일시에 극복할 수 있게 되었다.

---

86) 박근수(2000), "전자책의 현황과 발전방향", 문화관광부/한국출판연구소, 『디지털 시대의 전자책(e-book) 발전방향』, 서울: 문화관광부, p. 7.

이 밖에도 오래 전에 절판된 책이나 잡지를 디지털화하여 다시 볼 수 있다거나 그동안 산업적 측면에서 영리성이 떨어지는 바람에 출판되지 못했던 많은 전문 분야 도서들이 전자책의 형태로 쉽게 출판될 수도 있을 것이다. 또한 전자책이 일반화된다면 학생들이 무거운 책가방을 일일이 들고 다닐 필요도 없어질지 모른다.

그러나 이러한 여러 가지 장점에도 불구하고 전자책은 그것의 기술적인 부분에서부터 법적·제도적 부분에 이르기까지 해결하지 않으면 안 될 여러 가지 문제점 또한 안고 있다. 전자책과 관련하여 제기되고 있거나 우려되고 있는 문제점을 살펴보면 다음과 같다.

① 고정비용의 증가: 전자책을 읽기 위한 판독장치(단말기 등)를 구입해야 한다는 측면에서 사용자의 고정비용이 증가하게 된다.[87]

② 소프트웨어 설치에 따른 번거로움 증가: 여러 가지 형태의 소프트웨어와 단말기 사양에 따라 그때그때 필요한 소프트웨어를 설치해야 하는 번거로움이 따를 수 있다.

③ 완벽한 보안장치 개발의 어려움: 내용이 디지털로 표현되는 만큼 무한 복제가 가능하다는 특성에 따라 완벽한 보안장치의 개발이 어렵다는 점 또한 큰 문제점으로 등장하고 있다.

④ 가독성의 문제: 기존의 종이책에 비하여 그것의 해상도나 전용폰트의 문제로 인하여 가독성이 좋지 못하다는 점 등이 큰 단점으로 지적될 수 있다.

---

87) 한국출판연구소 주관으로 1999년도에 실시한 '국민독서실태조사'에 따르면 우리나라 성인의 경우 연간 독서량이 평균 9.3권에 불과한데, 전자책 단말기의 가격은 30만 원에서 60만 원을 상회함으로써 종이책 한 권의 가격을 평균 8천 원으로 가정하였을 경우 45권 가량의 종이책을 구매할 수 있는 비용을 단번에 들여야 한다고 볼 수 있다.

⑤ 저작권 사용료의 증가: 종이책을 재현하는 수준에서 벗어나 멀티미디어 형태의 전자책을 지향할 경우 그것의 복합 저작물성 때문에 저작권 사용료의 지불이 커질 것이라는 점도 간과할 수 없다.

(4) 저작권법상 전자책의 문제점

전자책이 안고 있는 저작권법상 문제점의 근간은 '출판권'과의 괴리에서 시작된다. 즉, 2000년도 개정 저작권법에서 신설하고 있는 '전송'의 개념과 저작재산권상의 '전송권'이 기존 출판권 개념과 부합하지 않기 때문에 실무적으로는 출판과 전자책 생산이 별개의 법 적용을 받을 수밖에 없기 때문이다. 앞서 살핀 바와 같이 '인터넷'을 통하여 유통되는 전자책의 성질에 비추어 볼 때 그러한 특성은 곧 '전송'의 개념에는 부합하지만 '출판'의 개념에는 부합하지 않는다.

저작권법은 저작재산권자와 저작인접권자에게 물권(物權)에 상당하는 권리를 부여하고 있다. 따라서 이 권리는 누구에게나 주장할 수 있는 독점적이고도 배타적인 성질을 띠고 있으므로 만일 권리에 대한 침해가 발생할 경우 직접 침해금지청구권이나 손해배상청구권을 행사함으로써 자신의 권리를 지킬 수 있다. 또 이러한 권리는 다른 사람으로 하여금 자신의 저작물이나 저작인접물을 이용하도록 허락하거나 저작재산권이나 저작인접권을 양도함으로써 행사하게 된다. 이용자는 권리자와 이용허락계약이나 양도계약을 체결함으로써 완전한 이용권을 획득하게 되는 것이다.

양도계약에 있어서는 권리의 전부 또는 일부에 대하여 시간적·공간적으로 조건을 정하게 마련인데, 이 경우 이용자는 해당 양도에 대하여 주어진 조건 안에서 직접 권리행사가 가능하다. 하지만 이용허락계약의 경우에는 권리자와 이용자 사이의 채권계약에 불과하므로 제3자의 권리침해에 대해서는 권리자만

이 물권적인 권리를 행사할 수 있다. 곧 이용자는 권리자의 처분에 맡겨 간접적으로 구제를 받을 수 있을 뿐이다. 결국 계약상 침해에 대한 권리자의 의무 규정과 구상권 규정을 통하여 피해에 대한 보상을 받을 수는 있으나 직접 침해자를 상대로 권리구제를 받지는 못하는 것이다.

이러한 이유로 양도계약을 체결하지 못하는 출판사들이 이른바 '출판권설정계약'을 체결하고 있다. 저작권법에서는 출판산업의 중요성을 감안하여 출판사에게 저작권 침해에 대한 안전장치로서 출판권설정계약제도를 규정하고 있는 것이다. 따라서 저작재산권자와 출판권설정계약을 체결한 출판사는 제3의 권리침해에 대하여 직접 권리구제를 받을 수 있다. 설정출판권은 곧 물권적인 성격의 권리이기 때문이다.

그런데 저작권법에서 규정하고 있는 설정출판권은 설정자(저작재산권자)와 출판권자 사이에 "그 저작물을 인쇄 그 밖의 이와 유사한 방법으로 문서 또는 도화로 발행하고자 하는 자에 대하여 이를 출판할 권리"가 설정되는 것으로서 출판권자는 그 설정행위에서 정하는 바에 따라 출판권의 목적인 저작물을 원작 그대로 출판할 수 있게 된 것을 의미한다. 결국 전자책의 탄생과 발달은 이러한 출판권설정계약이 법률적으로 보완되어야 함을 단적으로 드러낸 것이다. 뿐만 아니라 전자책은 그것의 기술적 특성상 기술적 조치 및 권리관리정보, 그리고 보안의 문제 등에 있어 여러 가지 해결해야 할 저작권법적 문제점을 안고 있다.

(5) 그 밖의 문제점

저작권법은 출판뿐만 아니라 문화산업 전반에 걸쳐 효력을 미치는 법률이다. 그럼에도 매체기술의 발달에 능동적으로 대처하지 못함으로써 여러 가지 문제점을 내포하고 있는 법률이 또한 저작권법이다. 제정된 지 30년이 지나도록 단 한 번의 개정이 없었다는 점에서 오랜 세월 있으나마나한 법률로 방치되어 있다가 뒤늦게 국제 저작권 환경 내지는 무역규범의 변화에 따라 선진제국의 강압에 못 이겨 수동적으로 전면 개정에 이르렀기 때문이다.

1) 출판물에 대한 대여권 문제

먼저 현행 저작권법에 의하면 배포란 "저작물의 원작품 또는 복제물을 일반공중에게 대가를 받거나 받지 아니하고 양도 또는 대여하는 것을 말한다"고 정의함으로써 배포의 개념 속에 대여가 포함되어 있음을 밝히고 있다. 이러한 배포는 저작물을 이용하는 방법이자 저작물을 시장에 유통시키는 방법이기도 하다. 여기서 말하는 '원작품'이란 주로 미술저작물에 해당되고, '그 복제물'이란 주로 도서와 같은 형태를 말한다. 그런데 저작재산권의 일종으로서 배포권을 규정함에 있어서 대여에 따른 문제가 생기게 되었다. 즉, 별도의 대여권과의 관계가 애매해진 것이다.[88]

대여권이란 "저작물이나 음반의 복제물이 영리 목적으로 일정 기간 대여되는 경우에 저작자나 기타 권리자에게 인정되는 권리"이다.[89] 외국의 경우에는 대부분 배포권과 대여권을 별도로 인정하고 있어서 배포의 개념에는 대여가 포함되지만, 배포권의 내용에는 대여권이 포함되지 않도록 하고 있다. 따라서 국내 저작권법에서 규정하고 있는 배포의 개념도 마찬가지인 것으로 보인다. 한편, 저작권법상 '발행'이란 "저작물을 일반공중의 수요를 위하여 복제·배포하는 것"으로서 복제와 배포를 포함하는 개념이다.

결국 저작물의 원작품 혹은 복제물의 대여에는 일정 부분 배포권을 부여받은 저작재산권자와 저작재산권자로부터 발행을 허락받은 출판권자 등의 권리가 포함되어 있음을 알 수 있다. 그러나 저작권법 제43조 제1항에서 "저작물의

---

88) 김기태(2000), 『저작권법의 해석과 적용』, 서울 : 삼진기획, p. 76.
89) 저작권심의조정위원회 편(1993), 『저작권표준용어집』, p. 13.

원작품이나 그 복제물이 배포권자의 허락을 받아 판매의 방법으로 거래에 제공된 경우에는 이를 계속하여 배포할 수 있다"고 규정함으로써 이른바 최초판매이론[90]을 받아들여 배포권의 행사범위를 제한하고 있다.[91]

따라서 현행 저작권법은 도서와 같은 출판물에 대한 대여권을 명확하게 규정하지 않고 다만 저작권자의 저작물의 원작품과 복제물에 대한 1차적 배포권만 인정함으로써 대여를 포함한 저작재산권자의 배포권은 1차 배포로 소멸되는 것으로, 그리하여 저작물 복제물의 소유자는 임의로 배포(대여)할 수 있는 것으로 해석할 수밖에 없게끔 되어 있다. 즉, 현행 저작권법상 영리 목적의 대여권을 규정하고 있지 않으면서 소유자의 2차적 배포(대여)행위는 가능하며, 현재로서는 이를 단속할 법적 근거는 없는 셈이다.

2) 사적복제보상금제도의 도입 문제

사적복제보상금제도의 도입과 관련하여 종래의 저작물 이용형태는 출판물, 판매용 음반 등의 구입과 같이 저작(권)자 또는 저작인접권자들이 직접 통제할 수 있는 형태의 이용이 거의 대부분이었기 때문에 사적인 복제에 의한 저작물의 이용이라는 것에 대해 특별한 관심을 가질 필요가 없었지만, 이제는 복제기술의 발달과 그것의 대량보급 때문에 사적인 복제를 통한 저작물의 이용이 저작물 이용의 주된 형태가 되고 말았다. 그러나 사적 복제와 관련된 저작물의 이

---

90) 최초판매이론이란 '권리소진원칙'으로 불리기도 하는데, 저작물 또는 그 복제물이 일단 판매되어 유통에 놓이게 되면 저작물 또는 그 복제물의 구매자(소유권자)는 저작물 또는 그 복제물을 자유로이 사용·수익·처분할 수 있다는 이론이다. 반면에 저작권자의 저작물 또는 그 복제물 자체에 대한 소유 및 처분권은 소진됨으로써 일단 판매된 이후에 저작물 또는 그 복제물의 사용·관리·처분은 구매자(소유권자)의 의사에 맡겨진다. 이는 저작물 또는 그 복제물 자체에 대한 소유권의 자유로운 행사를 보장하기 위한 것이다. 그러나 원저작물에 대한 저작자의 권리와 저작물 또는 그 복제물 자체에 대한 소유권은 구별되어야 하므로 이 경우에도 저작권은 소진되지 않는다.

91) 문화부 편(1991), 『저작권법상의 대여권에 관한 연구』, 서울: 문화부, p. 17.

용은 가정에서 신속하고 비밀리에 이루어지는 만큼 그 자체를 제한하거나 금지한다는 것은 불가능에 가까운 것으로 보인다. 설사 사적 복제를 저작권자의 배타적인 권리가 미치는 것으로 저작권 제도를 개선한다고 하더라도 헌법상 보장된 개인의 사생활의 자유를 침해하지 않고서는 사적 복제에 대한 책임 추궁이 곤란하기 때문이다.

보상금(부과금)제도는 바로 이와 같은 이율배반적인 현실을 극복하기 위한 하나의 대안이라고 할 수 있다. 즉, 사적복제보상금제도란 사적 복제의 수단이 될 수 있는 복사기, 녹음·녹화기, 녹음·녹화용 공테이프 등에 일정금액을 부과하여 그 징수된 재원을 저작권자에게 분배하거나 문화기금으로 활용함으로써 저작물의 사적 복제로 인한 권리자의 손실을 전보하는 제도를 말한다. 이것은 저작권법이 허용하고 있는 사적 복제에 대한 적절한 대응책이 되는 동시에 간접적으로 조직적·영업적인 불법복제에 대한 대책이 되기도 한다.

한편, 이러한 부과금제도의 의의를 저작물의 사적 복제로 인한 권리자의 손실을 보상하기 위한 제도라고 이해한다면,[92] 복사기에 의한 출판물 등의 복사에 대해서는 부과금제도가 적절하지 않다는 견해도 있다. 전자복사기의 보급이 녹음·녹화기처럼 일반 국민(가정)에까지 널리 보급되어 있지 않은 오늘날의 현실을 감안할 때, 출판물 등의 복사는 주로 영리를 목적으로 하는 복사 가게의 힘을 빌려 이루어지고 있으며, 이는 본인 또는 그의 지배하에 있는 자에 의한 복제일 것을 요구하는 사적 복제의 요건을 충족하지 못하고 있기 때문이다.

따라서 복사기에 의한 도서의 복제는 진정한 의미의 사적 복제에 해당하지

---

92) 부과금제도를 통하여 징수되는 부과금의 성격에 관하여는 각 나라마다 일치된 견해를 보이는 것은 아니다. 즉, 저작물의 사적 이용의 허용이라는 저작권 제한에 따른 보상금으로 보는 견해, 저작물의 사적 이용에 대한 저작물 사용료로 보는 견해, 저작물의 사적 이용을 가능하게 함으로써 결과적으로 저작자 등에게 손실을 입힌 생산자 등의 손해배상으로 보는 견해, 이상의 성격이 혼합되어 있다고 보는 견해 등이 그것이다.

않는 경우가 일반적이므로, 도서 복사의 경우에는 저작권자 등의 저작권(복제권)이 여전히 유효하게 행사될 수 있는 영역이라고 할 수 있어서 부과금제도를 통한 보상의 차원으로 해결하기보다는 저작권자들이 자신의 저작권을 정상적으로 행사할 수 있도록 해야 할 것이라는 점에서 이미 부과금제도를 시행하고 있는 나라들이 그 대상을 주로 녹음·녹화기 및 녹음·녹화용 공테이프로 한정하고 있는 것으로 보인다.

그런 의미에서 출판물 등의 복사에 대응하는 각국의 태도를 보더라도 일부의 경우를 제외하고는 정상적으로 저작권자의 허락을 받아 사용료를 지급해야만 복제할 수 있도록 규정하고 있다. 다만 그 구체적인 권리 행사에 있어서는 개개의 권리자들이 개별적으로 자신의 권리를 행사하는 것이 현실적으로 불가능하기 때문에 복제권집중관리단체에 위임하고 있다. 1995년 현재 부과금제도를 도입하고 있는 나라는 모두 17개국에 이르고 있다.[93]

그 밖에 2000년도 개정법에서 제27조 '사적 이용을 위한 복제'의 조항에 "일반공중의 사용에 제공하기 위하여 설치되어 있는 복사기기에 의한 복제는 그러하지 아니하다"라는 단서를 신설함으로써 복사기에 의한 무단복제 방지조항을 만들기는 했지만, 이를 위반했을 때 어떠한 형사적 처벌 또는 민사적 구제가 가능한지 명문화하지 않았기 때문에 실효성의 문제가 대두되고 있다. 이를 해소하기 위해 한국복사전송권관리센터를 비롯한 저작권 관련 단체들이 저작권보호센터를 발족하여 단속 및 계몽에 힘쓰고 있다.

---

93) 김기태 외(1995), 『전국 도서 무단복사 실태조사』, 서울 : 한국출판연구소, p. 108 참조.

제3장 _ 디지털 콘텐트의 저작권 보호에 따른 문제점[94]

1. 저작권 관련 개념의 비현실성

(1) 복제권의 문제점

저작물 이용행위 가운데 가장 많은 부분을 차지하고 있는 것이 바로 복제라고 할 수 있다. 그런데 현행 저작권법에서 규정하고 있는 복제의 개념은 매우 제한적인 범주만을 포괄하고 있어 디지털 콘텐트가 다양하게 만들어지고 이용되는 현대사회의 저작환경을 제대로 반영하지 못하고 있는 것으로 보인다.

현행 저작권법에 따르면 복제란, "인쇄·사진·복사·녹음·녹화 그 밖의 방법에 의하여 유형물에 고정하거나 유형물로 다시 제작하는 것을 말하며, 건축물의 경우에는 그 건축을 위한 모형 또는 설계도서에 따라 이를 시공하는 것을, 각본·악보 그 밖의 이와 유사한 저작물의 경우에는 그 저작물의 공연·실연 또는 방송을 녹음하거나 녹화하는 것을 포함"하는 개념이다. 따라서 복제는 저작재산권 중에서 가장 기본적인 권리이며, 저작물 이용에 있어서도 가장 기본적인 형태라고 할 수 있다. 여기서 예시하고 있는 인쇄·사진·복사·녹음·녹화 등은 우리가 일상적으로 저작물을 이용하는 방법들이기 때문이다. 여기에다 디지털 기술의 발달 양상을 반영하여 "유형물로 다시 제작하는 것" 이외에 "유형물에 고정하는 것"을 복제의 개념에 포함시킴으로써 디지털 복제까지 포괄하는 것임을 명시하고 있다.

이렇듯 저작권법에서 말하는 복제란, 유형물 즉 구체적으로 존재하는 물건 속에 저작물 등을 수록하는 행위를 말한다.[95] 그러므로 상연이나 연주 또는 방

---

94) 김기태(2000), "뉴 미디어의 기술진전과 저작권 보호에 관한 연구", 경희대학교 대학원 신문방송학과 박사학위논문, pp. 70~105 참조.

95) 구 저작권법에서는 각본의 상연, 음악의 연주, 영화의 상영 등 무형적인 것도 복제에 포함시켰으나 신 저작권법에서는 유형적인 복제에만 한정하고 있다.

송 등의 무형적인 것은 복제의 대상이 아니며, 각본이나 악보 따위를 공연·방송 또는 실연한 것을 녹음하거나 녹화하는 것은 복제에 해당한다. 이러한 복제의 개념은 또 인쇄나 사진 또는 복사처럼 가시적인 복제와 녹음 또는 녹화 같은 재생 가능한 복제로 나누어 볼 수 있다.[96]

한편, 권리 관계에 있어서는 저작재산권은 양도가 가능하므로 만일 저작자가 누군가에게 복제권을 양도한다면 복제권을 양도받은 사람이 복제권자가 되는 것이다. 결국 대개의 국가에서 복제에 대하여 인쇄물처럼 사람이 직접 시각적으로 인식할 수 있는 복제와 녹음물이나 녹화물처럼 재생의 방법으로 시청각에 호소하는 것을 복제의 개념으로 파악하고 있다. 그런데 오늘날과 같은 전자매체 환경에서는 디지털화에 따른 저작물의 이용과 네트워크를 통한 전송이 빈번하게 이루어지고 있다. 이러한 저작물 이용형태 변화와 관련하여 기존의 '복제' 개념이 계속 유용한 것인지 검토할 필요가 있는 것이다.

가장 문제가 되는 것은 컴퓨터 기억장치로서의 RAM과 같은 곳에 저작물이 일시적으로 저장되는 경우를 어떻게 취급할 것인가 하는 점이다. 멀티미디어로서의 전자매체를 이용하게 되면 이용자들 사이에는 그것이 파일의 형태든 아니면 컴퓨터프로그램이든 수많은 전자적 저작물을 전송장치를 통해 주고받게 된다. 그리고 전송과정에서 이용 저작물은 컴퓨터의 임시저장장치, 즉 RAM에 저장되게 마련이다. 또한 컴퓨터 화면을 통해 보이는 저작물을 훑어보거나 (browsing) 읽는 경우에도 그 저작물은 RAM에 저장된다.[97]

그 밖에 인터넷을 통해 저작물을 이용할 경우 파생되는 문제를 생각해 볼

---

96) 복제의 개념에 대한 국제협약의 규정을 살펴보면, 베른협약에서는 가시적인 복제는 물론 재생 가능한 복제까지 포함하고 있지만(제9조 제3항), UCC에서는 녹음이나 녹화처럼 재생 가능한 것은 복제로 인정하지 않는다(제6조).

97) 최경수(1995), 『멀티미디어와 저작권』, 서울 : 저작권심의조정위원회, pp. 37~38.

수 있다. 특히 전자잡지 또는 전자신문을 웹(web)상에서 열람할 때 링크(link) 과정을 거치게 되는데, 링크(또는 하이퍼링크)란 웹에서 보통 밑줄 또는 청색으로 표시되어 있는 URL(Uniform Resource Locator)[98]에 이용자가 마우스로 이를 클릭하면 다른 조작 없이도 표시된 URL에 직접 연결되는 시스템을 말한다. 저작권과 관련하여 문제가 제기되는 경우는 이렇게 링크되는 웹사이트 자체가 개인의 독창성이 인정되는 저작물인 경우 저작자 본인의 허락 없이 그 저작물을 임의로 이용하는 경우라고 할 수 있다. 하지만 인터넷의 특성상 타인의 웹사이트를 링크하는 모든 경우에 대해 문제 삼는다는 것은 인터넷의 기본개념에 배치되는 것이므로 일정한 범위에서 인터넷상의 보호범위를 정해야 할 것이다.

이러한 문제점과 관련한 국제동향과 판례를 살펴보면 다음과 같다.

미국 저작권법 제101조에서는 복제물에 대해 "현재 알려졌거나 또는 장래에 개발될 방법으로 저작물이 고정되는 음반 이외의 유체물로서, 그로부터 저작물이 직접 또는 기계나 장치를 통하여 지각, 복제, 또는 달리 전달될 수 있는 것"이라고 정의하고 있다. 이 규정에 따르면 복제물이란 저작물이 고정되는 유체물일 것을 요구하고 있기는 하지만 반드시 물리적인 매체이거나 가시적인 고정을 요하는 것은 아니라고 해석되며, 따라서 전자(電子) 혹은 자기(磁氣)형태의 복제물도 인정되는 것으로 보인다. 또 미국의 'IITF 보고서'는 "저작물을 디스크·디스켓·ROM·RAM 등에 저장할 때, 텍스트·사진·영상저작물·녹음물 등을 디지털화한 때, 이용자가 디지털 파일을 업로딩(uploading)하거나 다운로딩(downloading)한 때, 이용자가 전자게시판 등에 있는 파일의 일부를 '불러낸(display)' 때 등의 경우에 복제가 이루어진 것으로 보고 있다.[99]

---

98) 주 컴퓨터의 도메인 이름.
99) IITF 보고서, pp. 65~66; 최경수(1995), 앞의 자료, pp. 36~37 재인용.

영국 저작권법 제17조에서는 복제권을 규정하면서 복제행위에 대해 "전자적인 방법으로 특정 매체에 저장하는 행위"가 포함된다고 하며, 또한 저작물의 이용에 따라 만들어지는 일시적 또는 임시복제도 저작권법상의 복제개념에 포함시키고 있다.

유럽연합의 경우 역시 컴퓨터프로그램의 보호에 관한 지침에서는 컴퓨터프로그램의 로드, 현시, 실행, 송신, 저장 등을 할 때 일시적 복제가 수반되는 경우 저작권자의 허락을 받아야 한다고 규정하고 있다.[100] 또한 데이터베이스의 보호에 관한 지침에서는 데이터베이스의 제작자에게 "어떤 방식이나 형태로든 데이터베이스의 전부 또는 일부의 일시적 혹은 영구적 복제"를 허락할 배타적 권리를 부여하고 있다. 즉, 컴퓨터프로그램과 데이터베이스의 일시적 복제도 저작권자의 권리로 귀속시키고 있는 것이다.

〈판례 1〉 MAI 대 Peak 사건

원고 MAI(MAI System Corp.)는 캘리포니아(California) 얼바인(Irvine)에 본사를 두고 있는 델라웨어(Delaware)주 소재 법인으로 최근까지 Mpx와 Spx 모델시리즈를 포함한 다양한 소형컴퓨터를 제조·판매하는 일에 종사하고 있었다. 또한 MAI는 그 컴퓨터들의 유지 및 서비스에 관한 사업도 함께 하고 있다. 피고 Peak Computer는 MAI 소프트웨어의 사용허락을 받은 고객들이 소유하는 MAI 컴퓨터시스템에 대해 유지 및 보수 서비스를 하는 독립서비스업체로서 업무성격상 MAI 컴퓨터를 유지·보수 서비스함에 있어 원고의 소프트웨어프로그램을 자체적인 사용허락도 받지 않고, 또한 원고와 피고의 고객들 사이의 사용허락계약 범위를 벗어나 사용했

---

100) Council Directive on the legal protection of computer programs, 91/250/EEC, O. J. L122/44, 1991, §4(a). 다만 동 지침 §5에서는 프로그램의 적법한 소유자에 의한 것과 같은 행위는 프로그램의 사용에 필요한 경우에는 원칙적으로 허락을 요하지 않는 것으로 하는 등의 권리제한 규정을 설정하고 있다.

다. 이에 원고는 피고에 대하여 피고가 컴퓨터 이용자의 하드웨어 유지 서비스 제공 중에 원고의 허락 없이 원고의 소프트웨어를 사용했으며, 이는 원고의 저작권 및 영업비밀을 침해하였다는 이유로 소송을 제기하였다.[101]

한편, MAI는 컴퓨터시스템의 제작과정에서 두 가지 유형의 독창적 소프트웨어를 개발했다. 하나는 MAI 컴퓨터를 가동시키기 위한 기본명령을 제공하는 운영체제 소프트웨어이고 다른 하나는 진단 소프트웨어로서 유틸리티 프로그램과 진단 프로그램을 포함하고 있는 운영체제 소프트웨어인데, 이는 컴퓨터에 내장되어 있다. 이 사건 소송의 대상이 된 운영체제 내에 내장되어 있는 자가진단 프로그램의 가장 중요한 특징은 '결함기록장치(error log)'라고 할 수 있다. 이 기능은 컴퓨터 하드웨어 상의 기능 고장을 초기에 지시해 주고, 기술자에게 그 문제의 원인을 알려 주고 있다. 이 독창적인 두 개의 소프트웨어는 모두 미국 연방저작권법상의 보호를 받고 있다.

원고 MAI는 위 소프트웨어를 판매하지 않고 사용허락만 해 주었기 때문에 사용허락의 범위는 MAI와 MAI에 의해 허락을 받은 사람들로 한정된다. 특히 원고는 위 운영체제 소프트웨어의 '작동' 또는 '부팅'행위는 저작권법상의 복제에 해당한다고 주장했고, 그 결과 피고의 작동 및 부팅행위를 포함한 사용허락을 받지 않은 자들이 그 소프트웨어를 허락 없이 작동하거나 부팅하는 과정은 저작권의 침해를 구성한다고 주장했다. 소프트웨어의 작동 또는 부팅은 소프트웨어 프로그램을 하드디스크나 플로피디스크와 같은 저장장치로부터 컴퓨터의 RAM으로 전송하는 것을 말한다. 적어도 하나의 MAI 모델에 있어서 이 작동은 컴퓨터를 켜는 순간 자동적으로 실행된다. 자가진단 소프트웨어를 실행시키려면 그 프로그램을 담고 있는 디스크를 물리적인 방법으로 컴퓨터에 삽입해야 한다. 그 저장방식에 관계없이 어떤 프

---

101) MAI Sys. Corp. v. Peak Computer, 991 F. 2d 511[26USPQ 2d 1458](9th Cir. 1993). Lan C. Ballon, The Emerging Law of the Internet, 507PLI / Pat 1163, at 1241~1242(1998).

로그램도 RAM에 우선 저장하지 않고서는 실행할 수 없다.

원고의 주장은 피고가 세 가지 상이한 방식으로 저작권을 침해했다는 것. ① 소프트웨어 저작권의 직접침해, ② 기여침해(간접침해), ③ MAI의 중고 하드웨어 판매와 함께 MAI 소프트웨어의 불법적 배포에 의한 침해 등이 그것이다. 이에 대해 피고는 RAM의 특성이 본래 매우 일시적인 것이어서 영구적 기억장치에서 컴퓨터 RAM에 전송되는 것은 복제에 해당하지 않는다고 항변했다.

이와 같은 다툼에 대해 제9연방항소법원(9th Circuit)은 약식판결로 원고의 저작권 침해 청구를 받아들였다. 이 결론에 이르는 과정에서 제9항소법원의 합의체는 RAM에서의 프로그램 형태가 고정된 것은 아니므로 RAM에 저작권의 보호를 받는 소프트웨어를 일시저장하는 것은 저작권법상의 복제가 아니라는 피고의 항변을 배척하였다. 위 합의체는 판결이유에서 피고가 운영체제 소프트웨어의 '결함기록장치'를 컴퓨터 문제의 진단을 위해 계속 사용한 행위는 RAM에 있는 표현물이 충분히 '고정'되어 있음을 증명하는 것이라고 판시했다.[102]

이 사건의 핵심쟁점은 독립된 서비스업체인 피고가 자가진단 프로그램을 작동시키고 이용하기 위해 RAM에 일시적으로 저장하는 것이 저작권법상의 복제행위에 해당하느냐 하는 점이다. 또한 피고는 저작권 침해소송에서 원고의 허락 없이 컴퓨터의 유지·보수 서비스를 함에 있어 RAM에 일시적으로 저장하는 것에 대해 공정이용(fair use)이라고 항변할 수 있느냐 하는 점이다. 이 사건 판결에서 법원은 컴퓨터 수선 서비스를 수행하기 위해 통상적으로 수분간 자가진단 프로그램을 작동시켰기 때문에 미국연방저작권법 소정의 고정[103]의 요건을 충족시키는 정도의 복제가 이루어진 것으로 보아서 저작권 침해에 해당한다고 판시한 것이다.

---

102) RAM 안의 프로그램이 충분히 저작권의 보호를 받을 만큼 고정되어 있다는 그 밖의 판결로는 Vault Corp. v. Quaid Software Ltd, 847 F. 2d 255, 260[7 USPQ 2d 1281: 5th Cir., 1988], Apple Computer Inc. v. Formular International Inc., 562 F. Supp. 775[218 USPQ 47: C. D. Cal., 1983], ISC-Bunker Tamo Corp. v. Altech Inc., 765 F. Supp. 1310(N. D. Ⅲ, 1990) etc.

우선 RAM에의 입력이 복제에 해당하는 것인가의 여부에 관한 유력한 견해는 미국 저작권법상 복제라고 함은 일시적이거나 경과적인 성격의 기억 이상의 저장으로서의 후에 출력 또는 이용될 수 있는 것이어야 한다고 한다. 따라서 이 사건 판결에는 상당한 비판이 따르고 있다. 이러한 비판적 견해는 RAM에의 입력 또는 저장은 마치 모래 위에 글을 쓰는 것과 마찬가지로 복제에 해당할 수 없다는 것이다. 특히 이 사건에서 피고의 고객들처럼 프로그램 정품을 구입하거나 적법하게 허락을 받아서 사용하는 소비자 또는 사용자들을 당해 프로그램을 복제하여 보관용으로 두거나, 부득이한 변경을 가할 수 있는 이른바 '사용자 권리(users' rights)'를 가지는 바, 피고와 같은 수선업자들이 그러한 사용자들의 허락을 받아서 컴퓨터시스템을 수선하는 행위에 수반하는 RAM에의 일시적 저장은 저작권 침해라고 볼 수 없다는 지적도 있다. 또한 원고가 프로그램을 판매하면서 제3자의 이용을 금지하는 계약조항을 두고 당해 조항을 근거로 하여 피고와 같은 수선 서비스업자의 수선행위까지도 금지하고자 하는 것은 저작권 남용, 또는 심지어 독점규제법 위반으로 보아 이 규정을 원용할 수 없다고 보아야 한다는 지적도 상당한 설득력을 가진다.

〈판례 2〉 Shetland Times 대 Wills 사건

원고 Shetland Times는 1996년 1월에 자신이 발행하는 신문의 기사 내용을 웹사이트로 구축하여 일반공중의 접근이 가능하도록 제공했다. 피고 Wills 박사는 공동피고 Shetland News의 편집자로서 웹사이트를 구축하여 일반공중에게 뉴스를 서비스하고 있지만, 독자적으로 신문기사 등을 작성하여 제공하는 것이 아니라 원고 등 다른 업체의 웹사이트에 링크시켜 그 독자들에게 접속할 수 있게 하였다. 1996년

---

103) 미국저작권법(U. S. Copyright Law) §101. 저작물이 유형의 표현매체에 고정되어 있다고 함은 작가에 의해서나 작가의 허락하에 복제물이나 음반에 고정된 것이 순간적인 것 이상으로 긴 시간 동안 인식되고, 재생되고, 기타 전달될 수 있을 만큼 충분히 지속적이고 안정적인 경우를 의미한다.

10월에 피고는 원고의 웹사이트에 있는 최근 기사 표제어(news headlines) 중 여러 개를 그의 홈페이지 링크 속에 포함시켰다. 그 결과 원고의 웹사이트 기사 표제어는 피고 링크상의 원고목록과 동일하게 되었다. 이용자가 그 목록에서 어느 기사 표제어 하나를 선택하면 인터넷은 자동적으로 원고의 웹사이트 당해 기사 표제어에 접속시켜 준다. 피고는 기사 표제어만을 이용하였을 뿐이고 그 관련 기사 내용 전체를 복제하거나 복제·제공하지는 않았다.[104]

원고는 그의 웹사이트를 통하여 뉴스기사 또는 뉴스기사 표제어를 제공하는 것은 1988년 개정된 영국의 저작권·디자인·특허법(Copyright·Designs and Patent Act of 1988. 이하 'CDPA 1988'로 약칭함) 소정의 '유선프로그램(cable program)'에 해당하고, 서버 컴퓨터와 통신망을 갖추고 이러한 표제어와 기사들이 원고의 웹사이트를 통해서 접근될 수 있도록 하는 것은 위 법률 소정의 '유선프로그램 서비스'에 해당된다고 주장했다(CDPA §7). 따라서 원고는 피고가 자신의 웹사이트에 원고 웹사이트의 표제어를 인용하는 것은 CDPA 1998 제20조 규정의 저작권 침해를 구성한다고 주장했다.[105] 나아가 원고 신문의 표제어들은 문예저작물로서 원고에게 그 저작권이 귀속되어 있고, 피고의 웹사이트 링크 행위는 동법 제17조 소정의 복제권을 침해한 것이라고 주장했다.

이에 대해 피고는 인터넷을 이용한 의사소통 과정이 정보의 일방적인 전달로서 유선프로그램과는 다르며, 설령 동일하다고 보더라도 이 사건에서 전달이란 사용자가 웹사이트에 들어갔을 경우 원고가 아니라 피고에 의해 이루어진 것이라고 항변

---

104) Ian C. Ballon, supra note 98, at 1236~1237, Kenneth J. Campbell, Copyright on the Internet : The View from Shetland, EIPR(Vol. 19, May 1997) pp. 255~256., 컴퓨터프로그램보호회(1998), 『유럽의 컴퓨터프로그램 판례 번역·평석』, 정상조 해설, pp. 163~164. *Case Title : In Shetland Times Ltd. v. Wills, Edinburgh, Scotland, Court of Session, Oct. 24, 1996(Lord Hamilton).

105) CDPA 1998 §20 저작권 침해 문제는 동법 §7 규정의 유선프로그램에 관한 용어 정의와 관련된 해석 문제이다.

했다. 그리고 어떠한 경우에도 문제된 웹사이트는 CDPA 1988의 제7조 제2항 a호에 의해 적용제외 대상으로 되어 있는 '쌍방향 서비스(interactive service)'로서 위 법률 규정상의 유선프로그램 서비스에 해당하지 않는다고 항변한 바 있다.

한편, 이 사건을 담당한 판사는 원고가 웹사이트를 통해 자신들이 뉴스 서비스를 제공한 것은 정보의 전달(sending of information)로서 유선프로그램 서비스에 해당한다고 판단하고, 그러한 신문기사 표제어를 전자적인 형태로 복제하거나 또는 유선프로그램에 접속할 수 있도록 연결(linking)하는 것은 저작권 침해가 성립한다는 원고의 주장을 인용하면서 피고에 대해 저작권 침해금지의 가처분 결정을 내렸다. 법원은 비록 이 사건의 정보는 방문자가 찾아와 주기를 수동적으로 기다려야 하지만 그렇다고 하여 이러한 사실로 인한 정보가 방문자에게 제공되고 방문자가 이를 수락한다는 점에는 아무런 변화가 없다고 본 것이다. 그렇다면 피고의 행위는 정보 전달에 해당하는 것이어서 원고의 허락 없이 정보를 이용한 것이므로 원고의 저작권을 침해했다는 것이다.

법원이 피고의 항변을 배척하는 이유로서 설시(說示)한 것은 피고가 원고의 웹사이트를 허락 없이 무단으로 제공한 것은 영국법 규정의 유선프로그램 서비스에 해당하고, 비록 인터넷에 의해 논평과 제안이 쉬워진 것은 사실이지만, 그 이유만으로 서비스의 기본 요소에 해당하지 않는다고 볼 수 없으며, 서비스의 기본 기능이 뉴스와 그 밖의 것을 제공하는 것이기 때문에 위 법률 규정에 해당한다는 것이다. 요컨대, 이러한 논평과 제안을 가능하게 하는 서비스가 원고의 유선프로그램 서비스와 분리 가능한 서비스라고 하는 주장은 어렵다고 본 것이다.

이 사건 판결은 인터넷의 하이퍼링크와 관련하여 분쟁이 발생한 최초의 판결이어서 인터넷 이용자들의 관심이 집중되었다. 구체적으로 인터넷 웹사이트를 통해 정보를 제공하는 것이 CDPA 1998에서 규정하는 유선프로그램 서비스에 해당하는 것인지 여부에 관한 해석 문제를 담고 있었기 때문이다. 이번 판례에서 법원은 원·피고 양자의 웹사이트의 성질에 관해 대략적인 정도를 넘어서는 세밀한 기술적 지식과 증거가 나타나지 않은 가운데 내려진 중간판결임을 지적하고 있지만, 이 사건의 선결 문제로서 가상공간에서의 지적재산권 보호에 관한 문제를 판단하는 기준을 제시했다는 점에서 의의를 찾을 수 있다.

〈판례 3〉 Washington Post 대 Total News 사건

이 사건의 원고들은 The Washington Post Co. Time Inc., Cable News Network Inc., Los Angeles Times라는 명칭으로 사업을 하는 Time Mirror Co., Dow Jones & Co., 그리고 Reuters News Media Inc. 등으로서, 원고들은 뉴욕의 남부법원에 피고 Total News를 상대로 저작권 등의 침해를 이유로 소송을 제기하였다.

피고는 텔레비전에서 다른 채널들처럼 보이도록 만들어진 프레임(frame)에서 원고들의 웹사이트들을 실행하는 웹사이트(totalnews.com)를 구축하였다. 피고는 이 웹사이트를 이용하여 원고들의 뉴스기사를 그들의 홈페이지를 경유하지 않고 직접 연결해 볼 수 있도록 원고들의 웹사이트 경계 부분을 잘라 내었다. 이 같은 행위는 원고 사이트의 콘텐트 가치를 저하시킬 수 있다고 볼 여지가 있었다.[106] 결국 이 사건은 피고가 자신의 홈페이지 내에서 프레임 기법을 활용하여 원고들의 기사를 자신들이 유치한 광고들로 둘러싸게 하는 바람에 발생한 사건이었다. 그러나 이 사건은 1997년 2월경 뉴욕주에 소재한 연방남부지방법원에 제소되었으나, 같은 해 6월경 피고가 이 사건 프레임 기법을 사용하지 않고 원고들의 홈페이지에 하이퍼링크하는 것을 허용한다는 내용을 화해조항으로 하여 소송상 화해(settlement)를 함으로써 일단락되었다.

이 사건의 법리적 검토는 기본적으로 앞서 서술한 링크(hypertext links)에서와 같

---

106) Case No. 97 Civ. 1190(S. D. Y. filled Feb. 22, 1997) Ian C. Ballon, at 1237, John F. Delaney & Adam Lichstein, at 116~117.

다. 다만 프레임에 의한 기법은 기망적 행위를 띠고 있다는 점이 앞의 링크와 다른 점이다. 기망적 행위는 시장에서의 경쟁체제를 무너뜨릴 뿐만 아니라, 상대방에게 경제적 손실을 끼치게 된다. 기망적 행위로부터 연유하는 법적 쟁점은 상표권 침해, 상표권의 희석화 및 부정경쟁방지법의 법리 등이 모색될 수 있다. 이 사건에서 원고는 저작권 침해의 기초로서 링크의 경우와 같이 타인의 웹사이트를 훑어보기(browsing) 위해 링크할 때 제공자와 이용자 사이에는 묵시적인 이용계약을 맺고 있다는 점을 청구의 근거로 삼는다. 따라서 묵시적 이용계약에 의해 이용자는 저작권자의 허락 없이 원저작물을 자기의 프레임 위에 임의로 자리잡게 할 수 없다. 그러나 이러한 법리적 판단을 법원으로부터 확인했으면 좋았을 텐데, 당사자간의 화해로 이 사건이 종결되는 바람에 판례가 형성되지 않음으로써 뒤끝이 깨끗하지 못한 사건이 되고 말았다.

(2) 배포권의 문제점

디지털 콘텐트의 이용이 보편화하면서 저작권법상 '배포'에 따른 문제 또한 심각하게 대두되고 있다. 현행 저작권법에 따르면 "저작자는 저작물의 원작품이나 그 복제물을 배포할 권리를 가진다"고 하여 저작재산권으로서의 배포권에 관해 규정하고 있고, 정의규정에 따르면 배포란 "저작물의 원작품 또는 그 복제물을 일반공중에게 대가를 받거나 받지 아니하고 양도 또는 대여하는 것을 말한다"고 규정하고 있다. 이처럼 배포권은 저작물을 공중에게 유형적으로 전파하는 권리이며, 배포는 저작물이 담겨 있는 물체(원작품 또는 복제물)를 통해 이루어지며, 배포권의 대상은 저작물이 유형적으로 고정된 유체물이다. 하지만 디지털 송신형태의 전자매체 이용행위를 과연 배포에 포함시킬 수 있는가 하는 점이 문제가 되다 보니 2000년 개정 저작권법에서는 아예 '전송권'을 새로운 권리로 신설하기에 이르렀다. 방송과 통신의 융합으로 새롭게 생겨난 디지털 송신이 기존의 저작권 분류에 있어 합당한 기준을 찾기 어렵다 보니 새로운 권리개념이 등장할 수밖에 없었던 것이다.

그 밖에도 전자출판물의 주류를 이루고 있는 패키지 형태의 전자적 저작물로부터 다수의 복제물을 제작하여 이를 일반공중에 무단배포 또는 판매했다면 이는 곧 복제권 및 배포권을 침해한 것임에 틀림없다. 또한 온라인 형태의 전자적 저작물에 있어서도 저작권자의 허락 없이 공중정보통신망을 통해 일반공중에게 제공하는 행위 역시 저작권법에서 규정하고 있는 전송에 해당되므로 전송권의 침해사유가 된다. 나아가 통신망으로 제공받은 내용을 프린트 아웃하거나 플로피디스크에 저장하는 때에는 법이 허용하는 사적 복제에 해당하지 않는 한 복제권의 침해가 되며, 그 복제물을 일반공중에게 무단으로 상연하는 때에는 공연권 침해가 문제된다. 또한 제공받은 내용을 임의로 수정, 가감하거나 변형하여 새로운 저작물을 창작하는 때에는 2차적 저작물 또는 편집저작물 작성권의 침해가 된다.

또 인터넷에서는 저작물 내지 기타 보호 가능한 콘텐트들이 종래의 저작물 이용방법과는 다른 방법, 즉 업로딩, 전송, 다운로딩 등의 행위에 의해 이용된다. 여기서 중요한 것은 이러한 새로운 유형의 저작물 이용행위가 저작권법상 규정된 이용형태, 예컨대 복제, 배포, 또는 전송에 해당하는 것으로 볼 수 있느냐, 또는 법에는 규정되어 있지 않은 새로운 이용형태로 보아야 하는가의 문제가 제기된다는 점이다.

이러한 논의와 관련이 있는 외국의 동향과 판례를 살펴보면 다음과 같다.

먼저 미국 저작권법은 제106조에서 "저작권이 있는 저작물의 복제물이나 음반을 판매, 기타 소유권 이전 또는 렌탈(rental), 리스(lease)나 렌딩(lending)에 의하여 공중에게 배포하는 행위"에 대한 배타적 권리를 저작권자가 향유한다고 규정함으로써 배포권을 명시하고 있다. 이러한 규정을 근거로 통신상의 배포행위 역시 저작권법상의 배포행위로 볼 것인가의 여부에 대해서는 유형 저작물의 경우 배포가 이루어질 때 소유권의 이전이나 점유의 이전이 일어나지만 통신상의 배포행위에는 원소유권자가 그대로 저작물을 소유하고 있게 되므로 디지털 송신의 경우 배포권에 해당되지 않는다는 견해도 있다. 또 이미 살핀 것처럼 디지털 의제를 다룬 WCT에서는 배포에 대해 '판매 또는 기타 소유권의 이전'을 통해 이루어진 경우라고 명시하고 있으며, 배포 대상에 있어서도 유형물로 고정된 복제물에 한정된다고 하므로 순간적 혹은 일시적인 고정물은 배포권의 대상에서 제외되며, 따라서 디지털 송신행위는 배포에 속하지 않는다.

여기서는 이렇게 디지털 송신과 관련하여 일어난 법적 분쟁 가운데 배포의 문제와 밀접한 관련이 있는 것으로 보이는 외국 판례를 살펴보기로 한다.

〈판례 1〉 Playboy Enterprise 대 Frena 사건[107]
이 사건에서 Frena는 Playboy사의 사진저작물의 무허가 복제본 배포를 용이하게 하는 사설게시판을 운영했다. 즉, 일정요금을 지불한 Frena의 고객, 또는 Frena의 특정 제품을 구입한 자에 한해 이용될 수 있는 사설게시판에서는 여러 목록을 훑어보고 그로부터 고객의 개인컴퓨터에 사진을 다운받아 저장하는 것을 가능하게 하는 서비스를 제공했다. 이에 대해 법원은 게시판 운영자인 Frena가 Playboy사의 저작물에 대한 배포권과 현시권을 직접침해했다고 판시했다. Frena는 자신이 직접 저작물을 게재한 것이 아니며, 저작물 침해사실을 알지 못했고, 또한 침해사실에 대한 경고가 나온 후 이를 통제하고자 노력했다고 항변했으나 받아들여지지 않았다. 오히려 법원은 게시판 운영자가 "저작권 침해사실을 몰랐다고 하는 것은 문제

---

107) 839 F. Supp. 1522(M.D. Fla. 1993).

가 되지 않는다. 저작권 침해를 결정하는 데 있어 침해의 의사는 요구되지 않는다. 침해의사나 침해사실의 인식은 저작권 침해의 요건이 아니다"라고 하여, Frena에 대해 엄격한 책임을 적용하였다.

〈판례 2〉 Sega Enterprise 대 Maphia 사건[108]

이 사건은 피고 Maphia가 4백여 명의 가입자에게 Sega사의 비디오게임을 배포하기 위해 사설게시판을 이용함으로써 비롯되었다. 피고는 이용자들이 그 비디오게임을 업로드하는 것을 허용했을 뿐만 아니라 권유하기도 했으며, 비디오게임을 다운로드할 권리는 특정 요금을 지불한 자나 피고사의 하드웨어 장치를 구입한 자에 한해 부여했다. 법원은 전자게임 프로그램의 복제권 침해에 대해, 저작권 대상인 컴퓨터프로그램을 게시판에 올릴 수 있도록 한 점에서 직접침해를, 그리고 시설, 설명, 안내 등을 제공함으로써 저작물의 복제에 대한 기여침해를 게시판 운영자에 대해 인정했다. 즉, 서비스 제공자가 정확하게 언제 침해자료가 업로드되거나 다운로드되는지를 몰랐음에도 불구하고 기기, 방법, 지식, 장려 등을 제공함으로써 복제를 하는 데 있어서 그들의 역할은 결과적으로 저작권 침해를 분담한 것으로 본 것이다.

이 사건에서 법원은 서비스 제공자의 책임뿐만 아니라 시스템 관리자의 책임에 대해서도 판단하고 있다. 원고는 시스템 관리자가 허락받지 않은 파일을 업로드하거나 다운로드했음을 입증하지 않았기 때문에 그에게는 직접침해에 대한 책임을 물을 수 없으나, 시스템 관리자는 침해행위에 대한 인식이 있었으며, 침해행위를 유인했으며, 원인의 제공과 함께 실질적인 기여를 하였으므로 기여책임이 있다고 판시했다.[109]

---

108) Sega Enterprises v. Maphia, 1996 WL 734409(N.D. Cal 1996), Sega Enterprises v. Maphia, 857 F. Supp. 679(N. D. Cal. 1994).

(3) 출판권의 문제점

인쇄매체의 대표적인 산업 분야인 출판의 중추적 기능은 지식과 정보를 출판물이라는 형태에 담아 새로운 문화를 창조하고 이를 누리게 하며, 보존하고 전승함으로써 대중의 삶의 질을 높이는 데에 있다. 이러한 출판문화를 형성하는 사람들은 저작자와 출판자, 그리고 독자이며 이들 중에서 어느 하나라도 빠진다면 출판행위는 이루어질 수 없다. 여기서 출판자는 저작자와 독자 사이에 위치하면서 그들 사이의 관계를 맺어 주는 지적 전파과정을 담당한다.[110] 곧 저작자가 일차적인 창조자라면 출판자는 주로 편집자를 통해 그것을 개성 있는 출판물의 형태로 꾸며 펴내는 또 다른 창조자인 것이다. 그러므로 출판자는 좋은 내용의 책을 창의적으로 기획하고 개발하여 정성을 다해 펴내야만 제 구실을 다하는 것이 된다.[111] 그런데 지적재산권의 일종으로서 저작권 보호에 대한 관심과 의식이 증대되면서 동반자적 관계로 인식되던 저작자와 출판자 사이에 분쟁의 소지가 높아졌고, 그것은 국제교역의 무대에서도 비중이 큰 논의 대상이 되고 있다.[112]

저작물을 인쇄 또는 그 밖의 이와 유사한 방법으로 문서 또는 도화로 복제해서 이용하는 것은 저작물의 가장 오래된, 전형적인 이용방법이라고 할 수 있다. 역사적으로 살펴봐도 저작권법은 저작물의 복제, 특히 출판의 영역에서 탄생했는데, 그것은 오늘날 저작권을 뜻하는 카피라이트(copyright)라는 말이 "copy(복제)할 수 있는 right(권리)"에서 나왔음을 보아도 잘 알 수 있다.[113] 그러

---

109) Contributory Infringement Applies to BBS Operator, *The NATIONAL LAW JOURNAL*, Jan. 27, 1997, p. B13.

110) 김성재(1992), 『출판의 이론과 실제』, 서울 : 일지사, pp. 2~5 참조.

111) 김성재(1992), 위의 책, p. 51.

112) 김기태(1994), "저작권보호와 국내 출판물 유통에 관한 연구", 경희대학교 언론정보대학원 석사학위논문, p. 21.

나 현대적 개념의 저작권은 그 범위가 매우 넓어졌으며, 보호 수준 또한 높아져서 저작권자의 권익은 한층 강화되는 추세에 있는 반면에 이용물의 형태가 다양해지면서 저작권자와 이용자 사이에 발생하는 문제들이 복잡한 양상을 띠게됨에 따라 출판자들에게는 위기의식이 높아지고 있다. 즉, 아무리 가치 높은 용도가 있다 하더라도 저작권자의 허락 없이는 어떤 저작물도 그 용도에 맞게 이용할 수 없으므로 출판자 역시 저작권자에게 정당한 사용료를 지급하고 나서출판할 수 있는 권리를 획득해야만 하게 된 것이다. 그렇게 해서 펴낸 출판물일지라도 그것을 배포해서 이익을 취하는 과정에서 저작자의 권리는 지속적으로보호되는 반면에 출판자가 취득한 권리인 출판권의 보호 수준은 미흡한 것이아닌가 하는 점이 대두된다.

저작물을 이용하려는 사람은 저작권자로부터 저작재산권의 전부 또는 복제권 및 배포권을 양도받지 않는 이상 채권적 효력을 가진 이용허락제도를 이용할 수밖에 없다. 그러나 현실적으로 저작권자가 저작재산권의 전부 또는 복제권 및 배포권을 양도하는 경우는 매우 드물다. 따라서 출판권자는 이용허락의방법에 의한 출판계약을 통해 채권적 효력을 가진 권리밖에 행사할 수 없으므로 매우 불안정한 상태에 놓일 수밖에 없다. 바로 이러한 모순을 감안해서 현행저작권법은 제3장에서 모두 7개조에 걸쳐 저작권자와 출판자가 출판권의 설정을 목적으로 하는 준물권계약을 맺을 수 있도록 규정하고 있다. 즉, 저작권자는그가 가진 저작권을 기초로 하여 출판자에게 독점적이며 배타적인 성질의 출판권을 설정할 수 있는데, 이 경우 출판자에게는 한층 수준 높은 권리가 주어짐과동시에 그에 따르는 의무가 생기게 되며 설정기간의 만료 등의 사유로 권리가

---

113) 황적인·최현호(1990), 『저작물과 출판권』, 서울 : (사)한국문예학술저작권협회, pp. 85~86. 오늘날 copyright는 복제권, 방송권, 공연권, 전시권 등 모든 저작권적 권리를 포함하는 개념으로 쓰이고 있으며, 단순히 복제권만을 뜻할 때에는 reproduction right라고 한다.

소멸하면 그 권리는 원래의 저작권자에게로 환원된다.

한편, 출판자의 입장에서는 저작권법이 비단 저작자의 권리보호만을 위해 제정된 것인가 하는 문제를 생각해 볼 수 있다. 저작권법 제1조에 의하면 "저작물의 공정한 이용을 도모함"을 목적의 하나로 명시했고, 민사상의 구제 대상으로 "저작권, 그 밖의 이 법에 의하여 보호되는 권리"라고 했으며, 형사상의 보호법익에 있어서도 "저작재산권, 그 밖의 이 법에 의하여 보호되는 재산적 권리"로 확장시켜 놓고 있다. 그중에서도 특히 출판권만은 별개의 장(제3장)에서 자세한 규정을 두고 있어서 저작권법은 저작물의 복제와 배포를 본질로 하는 출판에 대해 각별히 유념하고 있음을 알 수 있다.[114] 따라서 저작권법은 저작물의 독창성을 인정하고 저작자들의 창작의욕을 북돋워 주기 위해 그들의 권익을 보호한다는 측면이 강한 것이기는 하지만, 이와 아울러 저작물 이용자의 저작권 이용관계도 적절히 조정해 주며, 일반대중들이 저작물에 손쉽게 접근함은 물론 배포의 활성화를 촉진하는 법적 보장을 담고 있어서 이용자의 측면 또한 강하게 내포하고 있다.

정보 또는 지식의 유통이 신속하면서도 대량으로 장소와 공간의 한계를 초월하여 이루어지는 '고도정보사회'에 진입하면서 정보 전달자의 역할이 그 어느 때보다 중요하게 인식되고 있다. 이 경우 정보 권리자의 권리를 신성시하여 정보의 자유로운 유통 및 촉진이라는 공익적 요구를 등한시하는 것은 올바른 태도라고 할 수 없다. 이에 양자의 이익형량을 통해 정보 전달자에게 적절한 활동의 폭을 인정하는 것이 바람직하다고 본다. 이렇게 출판기술을 비롯한 매체기술이 발전함에 따라 복잡해진 권리관계를 규율해야 하는 제도적 장치가 과연 매체의 발전 양상을 모두 수용할 만큼 포괄적인가 하는 문제를 생각해 보지 않

---

114) 한승헌(1992), "저작권관계법의 문제점과 개선방안", 『출판관계법 개선방안 및 출판문화 진흥방안 연구』, 서울 : 한국출판연구소, p. 43.

을 수 없다. 특히, 다양한 지식과 정보의 창구로서 오랜 세월 인류의 발전에 이바지해 온 출판 분야 역시 새로운 매체가 등장할 때마다 고비를 맞으면서도 나름대로 적응하여 이제는 첨단기술을 바탕으로 도약하고 있음에도, 이를 받쳐주는 제도적 장치는 아직도 이전의 출판 수준에 머물러 있다는 지적을 피할 수 없는 것이 현실이다.

우선 현행 법규에 따르면 첨단 출판물에 대한 적용 여부가 애매하다는 문제를 발견할 수 있다. 앞서 살핀 대로 저작권법에 규정된 출판에 관한 정의만 해도 그렇다. 저작권법 제3장에서 규정하고 있는 출판권에 관한 조항을 살펴보면 오늘날 보편적인 전자출판의 양상을 결코 포괄할 수 없음을 알 수 있다. 만일 인쇄 등에 의한 종이책만을 출판물의 범주로 해석한다면 새로운 매체로 등장한 첨단 출판물은 저작권법상의 출판물로서 보호받을 수 없다는 뜻이 되는데, 아무리 보아도 시대에 뒤떨어진 법률이라고 할 수밖에 없다. 즉, 저작권법에서 규정하고 있는 출판의 개념 속에 전자출판물이 포함되는지, 또는 출판권설정계약의 내용 속에 전자출판물도 포함되는 것인지 의문이 들기 때문이다.

그렇다 보니 부가가치세법상의 부가세 면제 대상으로서의 도서 가운데 전자출판물을 어떻게 포함시킬 것인가 하는 문제를 놓고, 업계와 정부당국은 오랜 시간 승강이를 벌인 끝에 구체적인 기준을 마련한 바 있다. 당시 재정경제부령으로 고시된 '전자출판물의 범위'에 관한 규정을 살펴보면, 전자출판물이란 "도서 또는 정기간행물의 형태로 출간된 내용 또는 출간될 수 있는 내용이 음향이나 영상과 함께 전자적 기록매체에 수록되어 컴퓨터 등 전자장치를 이용하여 그 내용을 보고 듣고 읽을 수 있는 것으로서, 문화관광부장관이 정하는 기준에 적합한 전자출판물을 말한다"고 규정하고 있다. 이 같은 전자출판물의 범주를 보다 구체적으로 확인하기 위해서는 위의 규정 중에 명시되어 있는 '문화관광부장관이 정하는 기준'을 살필 필요가 있다. 이에 따르면 다음과 같이 모두 여섯 가지의 조건을 충족시켜야 한다.

첫째, 형태에 있어서는 CD-ROM 등 유형의 고체물인 전자적 기록매체 형태로 발행
되어야 한다.

둘째, 내용에 있어서는 도서 또는 정기간행물의 내용을 구성할 수 있는 문자, 그림,
사진, 도형 등의 정보를 수록해야 한다.

셋째, 기능에 있어서는 색인(index), 검색(retrieval), 선택(selection) 등의 기능을 갖
추어야 한다.

넷째, '출판및인쇄진흥법'의 규정에 따라 등록한 출판사에서 발행되어야 한다.

다섯째, '도서관및독서진흥법'의 규정에 따라 도서 또는 연속간행물로서 자료제출
의무를 이행해야 한다.

여섯째, '도서관및독서진흥법'의 규정에 따라 국립중앙도서관으로부터 국제표준
자료번호를 부여받아야 한다.

(4) 저작권 침해에 따른 구제 및 처벌의 문제점

전자출판물을 비롯한 저작물의 첨단 이용형태가 등장함에 따라 기존의 이
용형태에 맞추어 제정된 저작권법은 그 적용에 있어서 상당한 진통이 따를 수
밖에 없다.

첫째, 2차적 저작물 및 편집저작물의 작성권에 관한 분쟁을 예상할 수 있다.
현행 저작권법 제5조 제2항에 따르면 "2차적 저작물의 보호는 그 원저작물의
저작자의 권리에 영향을 미치지 아니한다"고 규정하고 있으며, 제21조에는 "저
작자는 그 저작물을 원저작물로 하는 2차적 저작물 또는 그 저작물을 구성 부
분으로 하는 편집저작물을 작성하여 이용할 권리를 가진다"고 명시하고 있으
므로, 어떤 경우든지 2차적 저작물 혹은 편집저작물을 이용하고자 하는 사람은

그 원저작물의 저작자로부터 허락을 받아야 한다. 그렇다면 종이책이라는 원저작물을 모아 전자출판물을 만들 경우 전자출판물의 멀티미디어적 성격에 비추어 보아 2차적으로 변형될 가능성이 높고, 동시에 여러 저작물을 포괄하는 편집저작물이 될 가능성 또한 매우 높다. 그러나 현실적으로 보아 이러한 전자출판물에 수록될 수많은 저작물에 대한 이용허락을 일일이 받아낸다는 것은 매우 어려운 일이므로 그 이용의 효율성이 의문시된다. 그러므로 원저작물에 관한 최초의 출판권설정계약시에 2차적 혹은 3차적 저작물과 편집저작물 작성에 따른 권리관계도 명시하는 것이 필요하다. 하지만 그에 따른 이용료율을 결정함에 있어서 확실한 근거가 없으므로 논란의 여지는 계속 남게 된다.

둘째, 인터넷 등 사이버 공간을 통해 무차별적으로 저작물 배포가 이루어질 경우 이것을 효과적으로 단속하거나 적발해 낼 방법이 없기 때문에 생길 수 있는 분쟁을 예상할 수 있다. 현재와 같은 종이책이 주류를 이루는 시대에도 해적 출판물이 범람하고 이를 억제하기 힘든 사례에 비추어 보아 전자화된 시스템 안에서의 배포권 침해는 더욱 기승을 부릴 것이며, 이것은 더욱 적발하는 것은 물론 보상책임을 지우기 어려울 것이기 때문이다. 따라서 정당한 저작물 이용을 관리하고 감시할 새로운 프로그램을 개발하는 일에 앞장설 기구의 설치가 필요하며, 보다 장기적인 효과를 위해서는 저작권 보호의식을 전국민적 관심사로 끌어올리기 위한 체계적인 교육이 이루어져야 할 것이다.

셋째, 출판계약의 목적인 저작물을 종래의 인쇄물의 형태뿐만 아니라 인터넷을 통해 디지털 형태로 보급하는 경우, 만일 종래의 저작물 이용방법만을 예상한 탓에 예전에 체결된 출판권설정계약밖에 이루어진 바가 없다면 새로운 분쟁이 생길 수 있다. 원칙적으로 종래의 저작물 이용방법만을 예상하여 체결된 기존 계약만으로는 해당 저작물을 새로운 방법으로 이용할 수 없기 때문이다. 이것이 바로 이른바 "아직 알려지지 않은 이용방법에 대한 저작물이용계약"의 문제이다.[115] 따라서 구체적인 경우 출판권 범위에 관한 분쟁을 피하기 위해 출판권설정계약의 내용 중에 인터넷 이용에 대한 명시 규정을 두는 것이 바람직하다.

넷째, 저작권 침해자를 상대로 한 저작권자의 손해배상청구에 있어서 그 침해 정도를 어떻게 입증할 것이며, 입증이 안 될 경우 최소침해의 범위를 어떻게 정할 것인가 하는 문제이다. 저작권법 제93조에 따르면 저작권자는 "고의 또는 과실로 그 권리를 침해한 자에 대하여 손해배상을 청구할 수 있다"고 규정하면서 아울러 "그 권리를 침해한 자가 침해행위에 의하여 이익을 받았을 때에는 그 이익액을 저작재산권자 등이 입은 손해액으로 추정한다", 그리고 이러한 손해액 외에 "그 권리의 행사로 통상 얻을 수 있는 금액에 상당하는 액을 손해액으로 하여 그 배상을 청구할 수 있다"고 명시하고 있다. 또한 "법원은 손해가 발생한 사실은 인정되나 그 손해액을 산정하기 어려운 때에는 변론의 취지 및 증거조사의 결과를 참작하여 상당한 손해액을 인정할 수 있다"고 명시하고 있다. 그러나 전자출판물의 경우 같은 사안이라 하더라도 그 사정은 간단하지가 않다. 디지털화한 매체는 그 복제방법에 비추어 볼 때 인쇄물 복제보다 훨씬 쉽게 대량으로 복제할 수 있게 변하고 있으며, 사이버 공간에서의 복제는 더욱 손쉬운 상태에 있다. 따라서 손해배상과 관련하여 전자출판물의 침해범위를 산정하는 문제의 해결을 위한 방안이 마련되어야 할 것이다.

---

115) 이에 대하여 독일 저작권법에서는 아직 알려지지 않은 이용방법에 대한 저작물이용계약은 무효라고 하여 저작권자를 보호하기 위한 명시 규정을 두고 있으나, 국내 저작권법에는 이에 상응하는 규정이 없다. 그러나 국내 학설에서도 이러한 저작물이용계약은 무효로 해석하고 있다. 송영식·이상정(1997), 『저작권법개설』, 서울: 화산문화, p. 169 참조.

2. 저작권 법제화에 따른 문제점

저작권에 관한 사항들이 법제화하는 과정에 영향을 미치는 요소들은 다양하다. 정책의 주체인 정부를 포함하여 매체기술의 진전 상황, 이해당사자로서의 권리자와 이용자, 그리고 국내 환경을 둘러싸고 있는 국제 저작권 환경 등등여러 가지 차원에서 생각해 볼 수 있기 때문이다. 즉, 정부는 주로 저작권법의법제화 과정에서 주체적인 역할을 하면서 매체기술의 진전에 따라 야기되는 여러 가지 문제점을 이해당사자 집단의 견해와 국제 저작권 환경의 변화를 통해점검하고, 합리적인 대응에 필요한 법제화 노력에 나서게 된다. 이러한 법제화과정에서 보다 유리한 입장이 반영되도록 하기 위해 이해당사자인 저작권자와이용자들은 각각의 소속단체를 중심으로 치열한 공방을 벌이게 되며, 보다 설득력 있는 논리를 개발, 법 제정 혹은 개정공청회 등에 임하게 된다. 국제 저작권 환경의 변화는 사실 우리 입장의 반영이라기보다는 거의 일방적인 선진국의합의에 따라 국제 무역규범이라는 질서 속에서 우리가 수용하고 국내 저작권법에 반영하는 식으로 진행되고 있는 것이 현실이다.

(1) 정부 차원의 문제점

앞서 살핀 것처럼 우리나라의 경우 인쇄술 발명에 있어서는 세계적으로 선두를 다투었지만 인쇄 내지 출판을 국가기관에서 직접 담당하다 보니 저작권의식이 싹트기 어려웠다. 또, 근대시기를 일제강점하에서, 그리고 미군정 치하에서 보내며 일본 저작권법제를 그대로 빌려 쓰다 보니 한참 뒤에야 우리 고유의 저작권법을 제정할 수 있었다. 하지만 1957년에 처음 제정된 저작권법 또한30년 동안 방치되어 있었으므로 국가적인 차원에서 저작권 보호의식을 장려하기 시작한 것은 새로운 저작권법이 발효된 1987년 7월 이후라고 할 수 있겠다.

이후에도 급변하는 내외 환경에 따라 여러 차례의 부분 개정을 거쳤으며, 디지털 환경에 부응하기 위한 새로운 개정안이 지속적으로 상정되고 있다. 이처럼 우리나라에 있어서는 저작권 정책수립에 관해 과거의 경우 정부의 주도적인 의지를 찾아보기 어렵다. 대개 문화 관련 정책이 그렇듯이 내부적인 갈등보다는 외부의 충격에 의해 이끌려 가는 식으로 뒤늦은 대책 마련에만 허둥대기 일쑤였다. 하지만 일단 정책결정의 방침이 세워지고 나면 정부의 추진력은 대단히 강해지는 특성을 보인다. 전문가를 포함한 주변의 합리적인 의견교환을 거치기보다는 일방적인 판단과 집행으로 밀어붙이는 경우가 많은 것이다.

저작권법은 넓은 의미에서 보면 문화 관련 법률인 동시에 미디어 관련 정책의 소산이다. 하지만 지금까지 이루어진 수많은 국내 미디어 정책의 결정과정은 장기적인 안목에서 정책적 대안을 검토한 후 가장 타당성 높은 대안을 선택하는 합리적인 과정을 거쳤다고 말하기 어렵다. 그동안 우리 미디어 정책은 민주적 절차를 거치지 않고 정치적 목적이나 경제적 이해 관계의 개입, 그리고 정책결정 기관의 행정편의주의에 의해 졸속으로 결정된 사례가 많았다.[116] 이러한 우리나라 미디어 정책의 특징을 살펴보면 다음과 같다.[117]

첫째, 미디어 정책은 대부분 정부에서 의제가 형성된다. 정부가 정책결정에 주도권을 쥐고 그 실현에 앞장선다.

둘째, 정부의 미디어 정책결정을 위해 정부 주도의 동원적 성격을 띤 사전평가 작업으로서의 의견수렴 과정을 거친다.

셋째, 정책결정 과정, 즉 법안이 국회를 통과하는 과정에서 파행적인 형태가 나타

---

116) 김대호(1996), 『멀티미디어시대를 대비한 미디어 정책』, 서울 : 박영률출판사, p. 53.
117) 정인숙(1993), "방송정책에 대한 시론적 연구", 한국방송학회 편, 『한국방송정책론』, 서울 : 한국방송학회, pp. 86~87.

난다.

넷째, 정책집행 과정에서 정부 주도의 비합리적인 정책추진 양상을 보인다.

저작권 정책 또한 이러한 특성에서 크게 벗어나지 않는 것으로 보인다. 특히 저작권 정책의 구체적 모습이라고 할 수 있는 저작권법의 경우 과거에 비하면 진일보하였을 뿐만 아니라 국제적인 협약의 내용을 많이 담고 있어 상당히 선진적인 것으로 평가되기도 하지만, 그 속에 담긴 내용을 실무와 관련하여 해석하고 적용하다 보면 각종 매체의 기술적 진보의 양상을 제대로 소화하지 못함으로써 상당 부분 개선되어야 할 소지를 안고 있다.

한편, 정책의 형성과 집행은 그 과정에 많은 관련 집단과 이해집단의 협상과 밀접하게 연관되어 있는 복잡한 과정이다. 그리고 그 결과로 나타나는 것이 곧 '법'이다. 특히 저작권 정책의 결정에 있어 영향을 미치는 제요소를 적절히 파악하고 이를 바탕으로 정책을 수립하고 집행하는 주체는 바로 정부라고 할 수 있다. 즉, 저작권자와 저작물 이용자로서의 이해당사자, 매체기술을 선도하는 테크놀러지의 발전 양상, 그리고 국내환경을 압박하고 있는 국제환경의 변화 등과 긴밀히 관계를 유지하면서 이들 상호간의 관계를 규율하고 저작권자와 이용자의 거래에 있어 합리적인 기준을 제시함은 물론 질서를 해치거나 정책기조에서 벗어나는 행위에 대해 강제성을 부여하기 위해 저작권법을 만들어 시행하게 된 것이다. 따라서 저작권법의 효율적인 정착과 적용을 위해 정부는 보다 전문적인 안목과 개선의지를 발휘하여 저작권법과 각종 관련 제도를 포함한 국가적·사회적·개인적 제반환경의 총체를 수시로 파악하려는 노력에 앞장서야 할 것이다.

(2) 이해당사자 차원의 문제점

저작권 또는 저작물을 둘러싼 이해당사자란 저작물을 창작한 저작자와 그 저작자로부터 저작재산권의 전부 또는 일부를 양도·상속받은 사람으로 분류되는 저작재산권자, 그리고 저작재산권자로부터 이용허락을 받아 허락된 이용 범위 안에서 저작물을 이용하는 이용자 등 크게 보아 두 축으로 나눌 수 있다. 이들 사이에는 언제나 팽팽한 긴장관계가 성립될 수밖에 없는데, 특히 금전적 대가를 둘러싼 공방과 함께 같은 저작물을 다른 방법으로 이용하는 이용자 사이에도 이해득실에 따른 대립이 있게 마련이다. 저작권법 개정을 둘러싼 공청회 석상에서의 대립이 대표적이라고 할 수 있는데, 여기서는 두 가지 경우를 예로 들어보고자 한다.

먼저 저작권자와 이용자 사이의 대립은 주로 저작권료율을 둘러싼 시비로 요약된다.[118] 출판계에서 흔히 '인세(印稅)'라고 불리는 것은 곧 저작물 사용에 따른 대가로서 이용자로부터 저작권자에게 주어지는 금전을 가리키는 말로, 유형물(도서)에 매겨진 가격(정가)의 일정한 비율로 발행부수 또는 판매부수에 따라 계산되는 것이다. 따라서 보다 정확한 표현은 '저작권 사용료'라고 할 수 있다. 그리고 이 말은 주로 출판물과 음반에 대해 사용되고 있으며, 통상적으로는 저작재산권자와 이용자 사이에 이용허락계약을 맺음에 있어 그 주요 내용 가운데 하나로 인세의 비율과 지불방법이 정해지고 있다. 특히 우리 출판업계에서는 저작권에 관한 관심이 높아지기 시작하면서 인세의 비율과 지불방법을 놓고, 또는 이미 정해진 계약 내용을 놓고 저작재산권자(저자)와 출판권자(출판사) 사이에 상당한 진통 내지는 분쟁이 일어나는 추세를 보이고 있다. 하지만 이러한 양상은 최근에 갑작스럽게 생겨났다기보다는 오래 전부터 구조적인 문

---

118) 김기태(1998), "우리나라 인세지불방법의 문제점과 개선방향", 대한출판문화협회·한국출판연구소, 제15회 출판포럼 자료집 「인세지불방법 이대로 좋은가」(1998. 12. 17.), pp. 3~22 참조.

제점으로 도사리고 있었다고 해야 옳다. 그것이 저작재산권 또는 출판권을 양도하는 계약이 아닌 한 단순한 이용허락계약이든, 아니면 독점적인 이용허락계약이든, 또는 출판권설정계약이든 거기에는 항상 인세에 대한 내용이 들어 있게 마련이고, 이를 두고 언제든지 분쟁이 생겨날 소지가 많았기 때문이다.

　우선 양쪽 당사자의 입장이 한결같지 않다는 데 근본적인 원인이 있다. 출판사의 입장에서 보면 당장 책으로 낼 만한 원고조차 구하기 어려운 상태에서 이른바 고정 독자층을 갖고 있는 유명 저자를 섭외하다 보면 본의 아니게 고율의 인세를 약속하거나 고액의 선인세를 지불하지 않을 수 없는 가운데 책을 출간하지만 이후 그것이 흥행에 실패하는 바람에 위기를 맞이한다거나, 처음에는 흥행 가능성이 희박한 무명 저자였기에 무인세 또는 매우 낮은 인세로 책을 출간해 준 저자가 이후 유명해지는 바람에 곤란한 지경에 처하게 되는 경우가 있다. 반대로, 저자의 입장에서 보면 처음에는 그저 자신의 저서만 출간해도 만족할 것이라고 생각했지만 그 책이 많이 팔리게 되면 애초의 겸손했던 마음은 사라지고 무리하게 출판사를 옮기거나 경우에 따라서는 이중계약을 하는 등 문제를 일으킬 소지가 있는 것이다. 이 같은 관행들은 대개 출판계약에 있어 합리적인 인세 지불방법이 정착되어 있지 않고 그때마다 즉흥적으로 인세율과 지불방법이 정해지기 때문이며, 아울러 이를 둘러싼 잡음은 곧 인세지불에 대한 명확한 자료의 제시가 이루어지지 않거나 또는 상호간의 신뢰가 부족하기 때문에 생겨난다고 할 수 있다.

　다음으로 우리 저작권법 제27조에 따른 사적 이용을 위한 복제로 인한 문제를 들 수 있다. 즉, 공표된 저작물을 영리를 목적으로 하지 않고 개인적으로 이용하거나 가정 및 이에 준하는 한정된 범위 안에서 이용하는 경우에는 그 이용자는 이를 복제할 수 있으며, 이는 저작권 침해가 되지 않는다는 데 문제가 있는 것이다. 이는 저작권의 공공성에 비추어 영리 추구를 위한 대량복제처럼 저작재산권자의 이익을 해치는 행위가 아닐 뿐만 아니라 개인 또는 가정에 준하는 소규모의 인원이 폐쇄된 공간 안에서 이용하는 것이므로 대외적으로 널리 알려지는 것과는 근본적으로 다르다는 점에서 인정하는 것이라고 할 수 있다. 그러나 우리 주변을 둘러보면 복사기, 녹음 및 녹화기 등의 대량보급과 복제기술의 발달에 따라 저작물의 이용방법 또한 매우 다양해지고 있다. 복사기를 비롯한 복제기기의 출현은 원래 사무자동화나 생활의 편의를 도모할 목적으로 생겨난 것이지만, 지금은 그 이용범위가 매우 확대되었을 뿐만 아니라 복제에 따른 비용 또한 저렴해짐으로써 이용자의 폭은 점점 늘어나고 있는 추세에 있다. 이에 따라 저작물 및 출판물의 권리자들에게 위기의식이 생겨나고, 복사 및 녹음·녹화에 의한 복제물 제작이 심각한 저작권 침해의 요소를 품고 있다는 우려의 목소리가 높아지고 있다. 예컨대, 어느 개인이 문구점에서 비용을 지불하고 저작물 또는 출판물을 복사하는 경우에 그 개인은 분명히 개인적 용도에 따라 그런 행위를 했다면 적법하다고 할 수 있지만, 문구점 주인의 입장에서는 영리의 목적으로 복사해 준 것이므로 위법이 된다. 그런데 현실적으로는 개인이 복사기를 갖추고 있기 어려운 탓에 대부분 복사전문업체를 이용하고 있다는 점에서 문제가 아닐 수 없다.

따라서 독일이나 일본 같은 나라에서는 복제기기로 인한 저작권 침해를 인식하여 '사적복제보상금제도'를 시행하고 있다는 점에 주목해야 한다는 주장이 제기되고 있는 것이다.[119] 즉, 복제기기—복사기, 녹음기, 녹화기 또는 녹음 및 녹화용 수록매체인 공테이프 등—를 생산하는 업체는 그러한 기기를 배포할 때 일정액의 보상금을 내야 하는 것이다. 그러나 우리나라에서는 사적복제보

---

119) 독일에서는 복제기기가 제작되어 발매되는 시점에 판매가의 일정 비율을 사적복제보상금으로 징수하고 있으며, 일본에서는 일본서적출판협회가 중심이 되고 문화청이 지원하여 설립된 '복사권센터'라는 기구가 있어서 복사기를 이용한 복사의 경우에 한하여 저작물 이용료를 징수하고 있다.

상금제도에 대한 논의가 몇 차례 있었을 뿐 구체적인 시행방안은 마련되지 않고 있다. 이러한 논의에 따르면 복제기기를 제작 또는 수입하여 맨 처음 배포할 때 일정의 보상금을 원천 부과하며, 그 권리자는 저작재산권자와 출판권자, 그리고 실연자 및 음반제작자로서 그 행사는 지정단체를 통해 하자는 것이었다. 그러나 권리자측의 주장과 복제기기 업체의 주장이 첨예하게 대립한 끝에 결국에는 개정 법률안으로 채택되지 못하는 양상을 보이고 있다.

여기서 알 수 있는 사실은 저작권을 둘러싸고 있는 이해당사자들의 첨예한 대립은 근본적으로 집단이기주의의 소산이라는 점이다. 전반적인 문화의 향상 발전을 위한 건전한 비판과 적절한 대안의 제시 혹은 수용이 아닌 무조건식의 반대와 비판만이 앞선다는 사실이다. 이는 곧 저작권 보호의 진정한 의미를 망각한 것이 아닐 수 없는바, 이익집단에 의한 힘의 논리보다는 국가와 민족 차원에서의 문화창달이라는 관점에서 접근할 수 있도록 지속적인 지도와 계몽이 이루어져야 할 것이다. 물론 그러한 지도계몽의 주체는 자발적이기 어려우므로 정부의 적절한 지원 아래 각종 고등교육기관이 담당하는 것이 타당할 것으로 보인다.

제4장 _ 디지털 미디어와 저작권의 상생을 위한 방안

1. 저작권 법·제도의 발전적 개선

지금까지 뉴 미디어의 기술진전이 저작권 보호에 미치는 영향과 그로 인해 생겨난 여러 가지 문제점을 살펴보았다. 저작물의 이용방법이 디지털화함에 따라 기존의 법과 제도에 의한 잣대로는 해결할 수 없는 문제들, 즉 저작물성과 그 분류기준이 모호하다는 사실, 복제권·배포권·출판권 등의 개념과 적용에 있어 현실과의 괴리성, 저작권의 법제화에 영향을 미치는 기술진전 상황, 국제 저작권환경, 정부 및 이해당사자 차원의 갖가지 문제점 등을 살펴보았다. 그 결과 저작권법을 포함한 대부분의 저작권 보호체계가 기존의 인쇄매체에서 파생했거나 아날로그 미디어 중심으로 이루어져 있는 까닭에 디지털 상황을 적절히 반영하고 있지 못하며, 특히 뉴 미디어의 기술진전 양상을 제대로 반영하지 못함으로써 다양한 문제점들이 계속 생겨나고 있음을 알 수 있었다.

저작권 환경이 급변함에 따라 기존의 국내 저작권법을 중심으로 취할 수 있는 방법으로는 크게 네 가지 방향이 있을 것으로 보인다.[120]

첫째, 적극적 행동을 취하지 않는 방법이 있다.

국제 저작권 환경이 급변하고 있으므로 국내에서는 이렇다 할 적극적인 방법을 취하지 않는 것이 실질적일 수 있다. 미국, 일본, 유럽연합 등은 이미 수년 전부터 개정안을 논의하여 실제 반영하고 있으며, WIPO나 WTO 역시 이 문제를 의제로 삼아 심도 있는 논의에 들어가 있다. 그 결과 궁극적으로는 디지털 환경에서의 저작권 보호의 전 지구적인 통일화가 예측되기도 한다. 따라서 저작권 환경의 변화에 따른 저작권법의 재편에 대해 국내에서는 현재로서 아무런

---

120) 민은주(1997), "정보통신혁명에 따른 저작권관련 국제협약의 최근 동향과 우리의 과제", 연세대학교 대학원 법학과 박사학위논문, pp. 11~14 참조.

적극적인 행동을 취하지 않아도 결국 모든 것은 국제규범을 통해 결정될 것이기 때문이다. 그러나 이러한 입장은 자국의 입법권을 포기하는 것으로서 적절하지 못하다고 하겠다.

둘째, 저작권 제도의 전면적인 폐지를 주장하는 입장이 있다.

저작권의 철저한 보호와는 또 다른 극단에 있는 입장으로서 디지털 환경에 저작권 제도를 적용한다는 것은 가망이 없으며, 현재 속속 드러나고 있는 저작권 제도상의 허점들은 결국 저작권 제도가 도저히 피할 수 없는 붕괴로 향하고 있다는 신호라고 주장하는 견해, 디지털저작물의 이용허락에 관해서는 계약법이 저작권법의 자리를 차지하게 될 것이라는 견해 등이 그것이다.[121] 그러나 저작권 제도 자체를 폐지하는 것은 현재로서는 불가능한 선택이다. 저작권 제도를 대신할 기술보호 장치, 계약상의 절차, 형사적 제재가 아직 정립되어 있지 않으며, 정립된다 하더라도 저작물을 보호하기 위해 충분할 것으로는 판단되지 않기 때문이다. 또한 저작권 제도를 폐지하는 것은 저작권 보호의 최저기준을 설정하고 있는 베른협약이나 WTO 협정상의 의무에 위반하는 것이다. 오히려 오늘날 국제무대에서의 경향은 저작권 보호를 위한 보다 구체적인 제도의 설립에 있지 저작권의 폐지방향에 있지는 않으므로 국제사회의 일원으로 살아 남기 위해서는 저작권 제도의 지속적인 정비가 필요하다고 하겠다.

셋째, 전면 개편의 관점이 있다.

저작권 법제를 유지하되 기존 저작권법의 근본원리를 통째로 바꿀 필요가 있다는 견해이다. 이러한 입장에서는 새로운 저작권법은 정보화 시대의 새로운 제품을 포괄하고 있어야 하며, 기술적으로는 중립적인 태도를 취하여 현재

---

121) 그 밖에도 네그로폰테와 사무엘슨 등은 비트(bits; 디지털 형태의 저작물)를 이송하는 것은 원자(atom; 유형적 저작물)를 이송하는 것과는 본질적으로 다르다는 이유를 들어 디지털 환경에서의 저작권법의 생존 가능성이 희박하다는 견해를 피력하고 있다.

예견할 수 없는 미래의 기술변화까지도 포괄할 수 있어야 한다고 주장한다. 이러한 입장에서 주장되는 이상적인 저작권법은 통일화된 저작권법을 의미하기도 한다. 즉, 단일의 광범위하게 정의되는 보호 대상과 배타적 권리의 체제로 저작권법이 정립되어야 한다는 견해이다. 반면에 또 다른 측면에서는 저작권법제의 전면 개편을 주장하면서도 저작권법의 통일화는 이론적으로는 가능하지만 너무나 큰 개념적 도약을 담고 있기 때문에 현재는 적용시키기 어렵다고 보며, 보호 대상인 저작물을 둘로 분류하고 배타적인 권리도 양분된 두 개의 권리를 규정하여 저작권법의 이분화를 주장하기도 한다. 그러나 이러한 전면적인 개편은 현재의 국제무대에서의 경향과도 일치하지 않으며, 또한 시기상조인 것으로 보인다.

넷째, 부분 개편의 접근방법이 있다.

이는 대다수의 국가와 학자들이 취하는 견해로 보이는데, 저작권법에 대해 디지털 혁명이 미치는 영향은 과장되었으며, 저작권법에 그다지 큰 변화가 요구되지는 않을 것이라는 입장이다. 이러한 입장에서는 1950년대 복사기의 등장, 1960년대 컴퓨터의 등장에 대해서도 저작권법이 적용했듯이 지금의 디지털 환경에서도 그 변화를 포용할 수 있을 뿐만 아니라 적극적으로 적용할 수 있을 것이라고 믿으며, 이미 기존의 저작권법에 의지하여 인터넷상에서 발생하는 저작권 침해사건에 대한 판결이 이루어지고 있다는 사실을 내세우기도 한다. 그러므로 이러한 입장에서는 저작권법의 제정원리에 입각하여 경제원리에 따르는 법해석의 방법으로 융통성 있는 적용이 가능하다고 본다.

결국 장기적으로는 저작권법의 전면 개편이 불가피하게 될 것으로 보인다. 하지만 당장에는 국제적인 경향에 따라 개별적으로 수정이 요구되는 규정을 점진적으로 개정하는 노력이 필요하다. 여기서는 현행 저작권법의 틀을 유지하되 부분적인 개정과 해석을 통해 저작권법을 디지털 환경에 적용시켜 나간다는 기본적인 입장에서 접근하고자 한다. 이러한 관점에서 실질적이며 가시적인 침해범주에 속하는 저작재산권상의 문제점들을 중심으로 대응방안을 강구하고자 한다.

2. 복제권의 차원

(1) 새로운 쟁점

저작물 작성 및 이용방법의 디지털화는 저작물 전체에 대해 커다란 영향을 미치고 있으며, 이용형태의 네트워크화는 저작물의 창작은 물론 유통 및 이용방법에 있어서도 저작권법상의 근본적인 문제점을 노출시키고 있다. 따라서 이른바 디지털 송신과 관련하여 가장 먼저 복제권의 범위와 그에 대한 예외의 범위를 어디까지 인정할 것인지 검토하지 않으면 안 될 것으로 보인다. 여기서 가장 문제가 되는 부분은 컴퓨터를 통한 이용에 있어 RAM에서의 일시적 저장을 어떻게 정의할 것인가 하는 점이다. 이미 일반화되고 있는 네트워크에 의한 저작물 전송시스템에서는 그것이 파일이든 컴퓨터프로그램이든 수많은 저작물이 네트워크를 타고 전송되는 과정에서 개인용 컴퓨터의 임시저장장치, 즉 RAM에 일시적이나마 저장되게 마련인데, 이러한 것도 과연 복제의 범위에 포함되는 것인가 하는 문제가 제기되고 있는 것이다. 또 컴퓨터 화면을 통하여 저작물을 훑어보거나(browsing) 읽는 경우에는 그 순간 현시된 저작물이 일시적으로 RAM에 저장되면서 같은 맥락에서의 문제점을 제기하고 있다.

RAM에서의 일시적 저장은 데이터가 주기억장치에 전원이 공급되는 동안에만 저장되고, 전원공급이 차단되면 사라지게 되는 데이터의 저장형태를 말한다. 이러한 일시적 저장은 여러 가지 방법으로 발생하는데, 컴퓨터 통신이나 인터넷 이용자가 컴퓨터 화면을 훑어보는 과정에서 자신의 컴퓨터 메모리에 저장되는 경우, 고객의 각종 이용행위 과정 중에 온라인 사업자의 서버메모리에 저장되는 경우, 전자우편을 주고받으면서 발신자와 수신자의 컴퓨터 또는 이들이 속한 LAN 서버메모리에 저장되는 경우, 복제물을 정당하게 구입한 사람이 자신의 컴퓨터에 부팅할 때마다 RAM에 저장되는 경우 등이 이에 해당한다.

한편, 이러한 일시적 저장도 저작권법상의 복제개념에 해당되는 것인가에 대한 논의는 복제권의 범위와 관련된 주요한 디지털 의제였다. 이에 대한 견해의 대립은 크게 보아 세 가지 측면에서 이루어져 왔다.

첫째, 포괄설로서 개념적으로 볼 때 일시적 저장은 영속적 저장과 같은 것이라고 할 수 있고, 이를 구별하는 것은 매우 어려우므로 일시적 저장 역시 복제의 범위에 포함시켜야 한다는 견해이다. 이러한 견해는 기존의 복제개념 속에 전자장치의 도움으로 저작물을 일시적 또는 고정적 기억장치에 입력하거나 그러한 기억장치 속의 저작물을 출력하는 행위도 포함시켜 규정해야 한다는 주장이다.[122] 이러한 주장에 대해서는 저작물이 일시적이든 영구적이든 컴퓨터상에 저장되었다면 그것이 어디에 저장되었든지 이를 구별할 본질적 근거를 찾기가 쉽지 않기 때문에 일시적 저장까지 복제라고 할 경우 그것이 도리어 포괄적 이용권을 용인하는 결과를 가져온다는 비판이 제기되기도 하였다.[123]

둘째, 불포괄설로서 컴퓨터상에서 일어나는 저작물의 일시적 저장은 기술상 어쩔 수 없는 현상이거나 통신속도를 빠르게 하기 위한 현상에 불과하므로 복제의 개념에 포함되지 않는다는 견해이다. 이는 저작권 보호의 기본 취지가

---

122) 정상조(1995), "정보통신의 발전과 저작권법적 문제점", 「계간 저작권」 1995년 봄호, p. 57.
123) 채명기(1997), "디지털 시대의 복제권", 「계간 저작권」 1997년 봄호, p. 33.

저작물의 이용에 의한 문화의 향상 발전에 있으므로 저작자의 경제적 손실을 가져오지 않는 일시적 저장에 대해서는 복제권의 범위에서 제외하자는 주장이 주류를 이루고 있다.

셋째, 제한설로서 일시적 저장의 복제 여부에 관한 문제는 결국 복제권의 침해에 이르는 과정이므로 그러한 저장행위가 저작권자의 경제적 이익의 감소를 가져오느냐의 여부에 따라 복제권의 범위를 제한하여 인정하자는 견해이다. 이는 곧 절충설에 가깝다고 할 수 있으나, 복제의 개념 정의에서 출발하여 이론이 구성된 것이 아니라 저작권 침해의 결과로부터 거꾸로 복제의 개념을 도출하는 것이어서 논리상 모순이 있다는 비판을 피할 수 없다고 하겠다.

그 밖에 또 다른 쟁점이 되고 있는 것은 이른바 '웹링크'의 복제권 침해 여부이다. 인터넷상에서 웹사이트 사이를 오가려면 링크하는 행위는 필수적인데, 홈페이지 자체에는 암호장치를 하지 않는다는 점을 고려하면 모든 인터넷 사이트가 링크의 대상이 될 수 있다. 그리고 웹링크는 보통 밑줄이나 그래픽 아이콘, 특화된 상표나 로고 또는 소제목이나 타이틀 등의 방법으로 이루어지고 있으며, 이 경우 타깃 사이트(target site)에 수록된 소제목이나 그래픽 또는 상표나 로고 등을 그대로 이용하는 사례가 많은데, 바로 이러한 행위들이 저작권상의 권리를 침해하는 것이 아닌가 하는 문제가 대두되고 있는 것이다.[124] 결국 복제권의 범위와 관련하여 제기될 수 있는 문제점과 대응방안은 다음과 같이 세 가지로 나누어 생각해 볼 수 있다.

첫째, 링크 행위는 과연 저작권 침해인가? 단순링크의 경우에는 저작권 침

---

124) 채명기(1999), "멀티미디어 시대의 저작권 문제", 「계간 저작권」 1999년 봄호, pp. 59~63 참조.

해의 소지가 희박하겠지만, 적어도 자신의 특정 목적을 위해 타인의 자료나 정보를 이용하는 효과를 가져다주는 프레임 기법이나 CGI 기법에 의한 링크는 저작권 침해의 가능성이 높다.

둘째, 링크는 타깃 사이트의 소유자에게 손해를 야기하는가? 이에 대해서는 이미 손해를 야기할 수 있다는 주장이 제기된 바 있다.[125] 사실 광고수입만을 목적으로 하는 타깃 사이트의 경우 많은 링크를 당함으로써 그만큼 더 많은 광고효과를 얻을 수 있고, 그 결과 많은 고객을 확보할 수 있는 장점이 있지만, 광고가 실리지 않은 웹페이지를 직접 링크당하거나 타깃 사이트의 광고가 아예 나타나지 않는 프레임 기법이나 CGI 기법에 의하여 링크를 당하는 경우 타깃 사이트의 광고효과를 전혀 볼 수 없다는 단점도 있다. 방문객은 많지만 광고효과는 얻을 수 없음에 따라 광고주는 더 이상 광고를 원하지 않게 됨으로써 손해를 끼칠 수 있는 것이다.

셋째, 저작권 침해물이 수록된 사이트를 링크시킨 브라우징 사이트의 책임은 어떠한가? 이 문제의 초점은 불법복제물이 실린 웹사이트를 링크시켜 그 침해를 조장한 경우 저작권자는 링크시킨 웹사이트의 소유자에게 과연 그 책임을 물을 수 있는가 하는 것이다. 인터넷 환경에서는 링크 행위가 일반화되어 있고, 링크되는 사이트가 진정한 저작물만을 수록하고 있는 것인지를 사전에 확인하기란 사실상 불가능하다. 따라서 링크 자체에 대하여 직접책임을 묻기는 어렵다. 또한 링크 자체에 의해 직접적인 이익을 얻지 않은 경우에 간접책임조차도 묻기 어렵기는 마찬가지다. 다만, 불법복제물이 수록되어 있다는 사실을 알면서도 링크시켰다면 방조에 따른 책임은 물을 수 있을 것이다. 그러므로 링크를 할 때에는 링크되는 웹사이트에 불법 내용물이 수록되어 있는지의 여부를 확인

---

125) 윤선희(1998), "디지털 송신과 인터넷상의 저작권 문제", 「계간 저작권」 1998년 여름호, p. 8 참조.

하는 것이 중요하며, 불법 내용물이 수록되어 있다면 링크를 즉시 중단시켜야
할 것이다.

(2) 대응방안

인터넷 등 디지털 기술을 활용한 전송행위가 일반화되면서 전송을 둘러싼
저작권 침해 문제가 급증하고 있다. 현행법상 이러한 전송과 관련한 불법행위
의 구체적인 내용을 살펴보면 다음과 같다.

첫째, 음악파일 등을 웹사이트, 미니홈피, 카페, 블로그 등에 올리는 경우.

둘째, 음악파일 등을 포털사이트나 웹사이트의 게시판, 자료실, 방명록 등에 올리
는 경우.

셋째, 음악파일을 특정 가입자들만 접근할 수 있는 폐쇄적인 웹사이트, 미니홈피,
카페, 블로그 등에 공유 목적으로 올리는 경우.

넷째, 여러 경로를 통해 수집한 음악파일이나 저작물을 다른 사람들과 공유할 목적
으로 웹하드에 저장하거나 내려받는 경우.

다섯째, 다른 사용자와 공유할 목적으로 P2P 프로그램을 통해 음악파일이나 저작
물을 올리거나 내려받는 경우.

여섯째, 음반매장에서 적법하게 구입한 CD를 디지털 파일로 변환하여 홈페이지,
미니홈피, 카페, 블로그, 각종 게시판이나 자료실 등에 올리는 경우.

그 밖에 MP3 파일이 아닌 다른 파일(asf, wma, avi, wav 등)로 변환하여 웹
사이트 등에 올리는 경우로, 음악파일의 확장자명이 무엇이든 상관없이 음악파
일을 웹사이트 등에 무단으로 올리는 행위는 불법행위에 해당한다. 하지만 기
본적으로 보호기간이 끝난 음악저작물은 누구나 자유롭게 이용할 수 있다.

먼저, 현재 1986년 12월 30일 이전에 발행 또는 공연된 음반으로서 개인이 권리자인 경우, 음악저작권자(작사·작곡자), 실연자 및 음반제작자가 1956년 12월 31일 이전에 모두 사망한 때는 당해 음반은 자유롭게 이용할 수 있다.

다음으로, 1987년 6월 30일 이전에 발행 또는 공연된 음반으로서 단체나 법인이 저작자인 음반의 경우, 발행 또는 공연한 때로부터 30년이 지난 때에는 누구나 자유롭게 이용할 수 있다. 다만, 이 경우에 음악저작권자, 실연자 및 음반제작자 중 개인이 저작자로 표시되어 있는 때는 그 개인이 사망한 때로부터 50년이 지나야 자유롭게 이용할 수 있다.

또, 1987년 7월 1일에서 1994년 6월 30일 사이에 고정된 음반의 경우 그 음반에 대한 실연자와 음반제작자의 권리는 음반이 고정된 때로부터 20년이 지났으면 보호기간이 끝난다. 다만, 이 경우에도 당해 음반에 수록된 음악저작물에 대한 작사·작곡자의 권리는 당해 작사·작곡자가 사망한 후 50년이 지나야 소멸된다.

끝으로, 1994년 7월 1일 이후에 고정된 음반의 경우 당해 음반에 대한 실연자 및 음반제작자의 권리는 당해 음반이 고정된 지 50년이 지난 때에 보호기간이 끝나게 된다. 다만, 이 경우에도 당해 음반에 수록된 음악저작물에 대한 작사·작곡자의 권리는 당해 작사·작곡자가 사망한 후 50년이 지나야 소멸된다.

한편, 외국저작물 또는 외국음반을 웹사이트, 미니홈피, 카페, 블로그 등에 무단으로 올리는 것도 불법행위이다. 우리나라는 국내에 상시거주하는 외국인 또는 우리나라가 가입한 국제조약의 가입국 국민이 만든 저작물 또는 음반 등에 대해 내국민의 저작물 또는 음반 등과 같은 수준으로 보호할 법적 의무가 있다. 2005년 2월 현재, 우리나라가 가입한 저작권관련 국제협약의 가입국은 157개국에 이르며, 이들 157개국의 국민들이 만든 저작물 또는 음반 등은 우리나라에서 보호를 받는다.

또, 다른 웹사이트에 있는 음악파일 등을 개인 홈페이지나 카페 등에 링크한 때에도 불법행위가 될 수 있다. 예컨대, 프레임 기법에 의한 링크를 한 때에는 저작권을 침해한 것과 유사한 불법행위가 된다. 우리 법원은 저작권자의 허락 없이 전자지도를 프레임 기법으로 링크시킨 것과 관련하여 "프레임 링크 행위는 저작권자의 허락 없이 자신의 컴퓨터 서버에 복제하여 이를 자신의 인터넷 홈페이지 이용자들에게 전송한 행위와 마찬가지이기 때문에 위법행위에 해당한다"고 판시(서울지법, 2001. 12. 7. 선고, 2000가합54067 판결)한 바 있다. 즉, 미니홈피, 카페 또는 블로그 등을 방문하는 순간이나 특정 자료를 여는 순간, 또는 특정 자료를 클릭하는 순간 음악이 저장된 사이트로 이동함이 없이 방문한 미니홈피, 카페, 블로그 또는 기타 링크를 건 사이트나 웹페이지에서 음악을 들을 수 있도록 한 링크기법도 프레임 링크와 같은 효과를 가지는 것으로 볼 수 있다.

한편, 딥링크(deep link; 해당자료에 직접 링크하는 것)는 당해 사이트의 영업적 이익을 해친 경우에 불법행위 될 수 있다는 것이 다수의 견해이다. 하지만 다른 웹사이트를 단순링크(사용자가 클릭하면 링크된 사이트로 완전히 이동되는 것)하는 것은 불법행위가 아니다. 다만, 대상 사이트가 불법복제물을 수록하고 있다는 사실을 알면서 단순링크하는 것은 불법행위를 조장한 것이 되므로 주의해야 한다.

그렇다면 이러한 음악파일을 합법적으로 이용하려면 어떠한 절차를 거쳐야할까? 음악파일을 합법적으로 이용하기 위해서는 저작권자, 실연자, 음반제작자 등 관련 권리자 모두의 허락을 받아야 한다. 다만, 권리자들이 자신들의 권리를 저작권위탁관리단체에게 신탁한 경우에는 신탁관리단체의 허락을 받아야 한다. 음악저작물과 관련이 있는 신탁관리단체로는 (사)한국음악저작권협회, (사)한국예술실연자단체연합회, (사)한국음원제작자협회가 있다.

이상의 논의를 토대로 복제권의 범위와 관련한 국내 저작권법의 개정 방향을 정리하면 우선 디지털 혹은 멀티미디어 환경이 구축된 시점에서 저작물의 이용형태는 RAM에의 일시적 저장행위만으로도 저작권자의 정당한 권리를 침해하는 것은 물론 경제적 이익을 침해하는 경우도 많이 발생할 것으로 예상된다. 따라서 이러한 행위가 현행 저작권법의 복제개념에 포함되지 않는다는 해석에는 한계가 있을 수밖에 없다. 그러한 해석의 한계를 극복하고 저작권자의 권리보호와 저작물 이용자의 편의를 도모하기 위하여 국내 저작권법을 개정할 필요가 있다고 하겠다. 또, 컴퓨터 기술의 편의상 불가피한 일시적 저장에 대하여 오로지 저작물을 지각하기 위해 브라우징하는 경우와 일시적 저장이 순간적 또는 부수적으로 이루어지는 경우에는 복제권이 미치지 않거나 복제권의 예외로 인정할 수 있다는 견해가 대부분 국가들이 지지하는 내용인 것으로 보인다.

3. 배포권의 차원

(1) 새로운 쟁점

배포권은 저작물의 최초배포에 대한 권리로서 저작자의 복제권에 최초배포를 허락할 권리가 포함되어 있다 보니 과거에는 저작물의 배포로 인한 문제를 모두 복제권으로 해결할 수 있었다. 따라서 베른협약은 일반적인 배포권을 규정하지 않았으며, 많은 나라에서도 배포권을 별도로 인정하지 않았다.[126] 그러나 매체기술의 진전에 따라 저작물의 이용수단이 다양해지고, 저작물의 복제와 배포가 별개의 업종으로 발전함에 따라 이를 별개의 권리로 보고 보호할 필요

---

126) 우리나라 저작권법에서도 1987년에 시행된 전면 개정법에서 비로소 배포권을 도입했다. 그전에는 배포권을 독립된 권리로 인정하지 않고 '발행'과 '출판'의 정의 속에 포함시켜 규정했다.

성이 생겨났다. 특히 '디지털 송신'이라는 새로운 저작물 이용형태가 등장함에 따라 이것의 포함 여부가 쟁점으로 떠오르게 되었다. 통신망을 통해 저작물을 송신하는 행위는 복제뿐만 아니라 실질적인 배포행위가 되기에 충분하다. 그러나 유형의 저작물을 배포하는 경우에는 점유의 이전이 실행되지만 통신망을 통한 배포에 있어서는 배포자가 원저작물을 그대로 소유하고 있음과 동시에 배포받은 자들 역시 저작물의 새로운 복제물을 소유하게 된다는 점에서 근본적인 차이를 보이고 있다.

현행 저작권법상의 배포의 개념은 곧 '유형물'의 배포를 의미한다는 것은 이미 살핀 바와 같다. 따라서 이러한 정의는 통신망을 통한 '무형적 배포', 즉 전송(傳送)이라는 특수성을 갖는 디지털 정보 전달환경에서는 적절한 것이라고 할 수 없다. 이와 관련하여 컴퓨터프로그램보호법에서 먼저 '전송권'을 신설한 데 이어 저작권법에서도 '전송권'을 저작재산권의 하나로 신설하기에 이르렀다. 물론 개정 이전의 컴퓨터프로그램보호법 제26조 제3호에서 "프로그램 저작권자의 허락 없이 그 프로그램을 통신망을 통하여 전송하거나 배포하는 행위"를 프로그램저작권 침해행위로 보고 처벌할 수 있도록 규정하고 있었으므로 통신망에 의한 불법복제물의 유통을 어느 정도 규제할 수 있었다. 그러나 통신망에 의한 전송 및 배포행위가 프로그램저작권 중 복제권의 침해인가 아니면 배포권의 침해인가의 여부가 불분명하고, 이용할 수 있도록 제공만 하는 행위를 규제할 수 있는가 하는 점에 대해 논란의 여지가 많았다. 여기서 생각해 볼 것은 현행 저작권법에서 규정하고 있는 '방송'과 '전송'의 차이점이 무엇인가 하는 점이다. 저작권법상 방송의 개념은 일반적인 방송의 개념과는 달리 공중파는 물론이고 유선통신에 의한 송신까지를 포함한다. 따라서 인터넷, 온라인 서비스 등을 통한 통신 서비스는 방송의 개념에 가깝다고 볼 수도 있다.[127] 그러나 인터넷 등을 이용한 쌍방향 송신은 프로그램이 서버(server)까지만 도달하고, 이용자가 요청(request)하기 전에는 단말기에 송신되지 않기 때문에 방송의 개념으로는 규제할 수 없다.

결국 2000년 개정법에서 신설된 전송권은 WCT가 규정한 공중전달권을 국내에 수용한 것으로 기존의 공연·방송·배포의 개념과는 달리 1대 1 송신, 이시송신(異時送信), 쌍방향성 및 무형성을 특징으로 하는 개념이다.[128] 하지만 국제 저작권협약이나 일본 저작권법 등 외국의 입법례에서는 '공중전달권' 또는 '공중송신권'이라고 규정하고 있는 것[129]을 우리 법에서는 "공중이 수신하거나 이용할 수 있도록 하기 위하여" 주어진 '전송권'으로 축소한 것 또한 논란의 소지를 안고 있다. 디지털 환경에서는 다음과 같은 의문이 가능하기 때문이다.

첫째, 서로 다른 시간과 장소에서 저작물 등을 전달받을 수 있는 'on-demand' 방식, 즉 인터넷 등에서의 쌍방향 송신이 이용되고 있는데 이러한 방식의 이용자를 과연 '공중'이라고 할 수 있는지의 여부.

둘째, 직접전송하지 않으면서 단지 일반공중이 접근할 수 있도록 하는 경우, 즉 업로딩만 하는 경우도 공중 전달에 속하는지의 여부.

(2) 대응방안

현행 저작권법에서는 저작자에게 "저작물의 원작품이나 그 복제물을 배포

---

127) 이상정(1998), "디지털 시대의 저작권법 개정방향에 관한 소고", 「계간 저작권」 1998년 봄호, p. 17.

128) 예컨대, 도서를 서점에서 판매하는 것은 배포행위에 속하지만, 온라인상에서 저작물을 송신하고 이를 수신하는 사람이 다운받아 자신의 하드디스크에 저장하거나 출력하는 행위에 미치는 것은 '전송'의 개념에 해당한다.

129) WIPO에서는 '공중전달권'이라는 용어를 사용하고 있으며, 일본 저작권법(1997년 개정)에서는 '자동공중송신권'으로 표시하고, '송신가능화'에 관한 정의 규정을 구체화하여 공중송신권의 규제를 명확하게 하고 있다(일본저작권법 제2조 및 제23조). 즉, 쌍방향 송신에서 ① 정보가 서버에 업로드한 상태, ② 요청자가 받아들여 송신되는 행위 등을 포함하고 있다.

할 수 있는 권리"를 부여하며, 정의에서는 배포에 대해 "일반공중에게 대가를 받거나 받지 아니하고 양도 또는 대여하는 행위"라고 규정하고 있다. 컴퓨터프로그램보호법 역시 컴퓨터프로그램에 대한 배포권을 인정하며, 배포에 대해 "원프로그램 또는 그 복제물을 공중에게 양도 또는 대여하는 것"이라고 규정하고 있다. 여기서 우리 법과 WIPO 조약 사이의 차이점을 알 수 있다. 즉, 우리 저작권법과 컴퓨터프로그램보호법에서는 배포의 개념에 양도와 대여를 모두 포함하고 있어서 양도의 경우에는 소유권의 이전을, 그리고 대여에 있어서는 점유의 이전을 수반하게 되어 있다. 그러므로 배포에 의해 소유권의 이전이 일어날 수도 있으며, 점유의 이전이 일어날 수도 있다. 그러나 WIPO 조약에서는 소유권의 이전에 의해 일어나는 배포와 점유의 이전에 의한 대여를 구분하고 있다.

이처럼 우리 저작권법은 저작물의 원작품이나 그 복제물에 대하여 배포권을 인정하고 있는데, 통신망을 이용한 디지털 송신의 경우 우선 복제물로서의 성립 여부가 배포행위의 성립 여부를 좌우하게 될 것이다. 이 경우 복제물을 제한적으로 해석하여 유형적인 물체로 한정한다면 온라인상의 송신은 배포에 해당되지 않게 된다. 그러나 이 같은 제한적인 해석은 합당하지 않은 것으로 보이며, 디지털 환경의 송신 역시 배포로 해석될 여지는 얼마든지 있다. 다만 기존의 배포행위에는 소유권이나 점유권의 이전이 일어났지만, 디지털 송신의 경우에는 그러한 이전이 일어나지 않았다는 점에서 논란의 소지가 있는 것이다.

결국 복제물을 물리적인 유체물로 한정할 것인가 아니면 이를 확대해석할 것인가에 따라 디지털 송신을 배포의 개념에 포함시킬 것인가의 여부가 결정될 것이며, 확대해석하는 경우에도 저작물의 소유나 점유의 이전을 어떻게 판단할 것인가에 따라 배포행위의 개념이 달라질 수 있을 것이다. 그런데 저작권법과 컴퓨터프로그램보호법에 의하면 침해로 보는 행위에 대해 "저작자의 허락 없이 그 저작물(프로그램)을 전송하거나 배포하는 행위"라고 규정함으로써 전송행위와 배포행위를 구분한 것으로 보이며, 이는 곧 전송행위는 배포행위에 속하지 않는 것으로 해석할 우려가 있다고 하겠다. 따라서 논란의 여지가 있으므로 기존의 배포와 신설된 전송의 개념을 명확하게 해석할 수 있어야 할 것이다.

4. 출판권의 차원

(1) 새로운 쟁점

전통적인 관점에서 출판에 대한 정의는 "저작자의 원고를 편집자가 정리하고 그것을 인쇄술의 힘을 빌려 다량 복제하여 유통기구를 통해 독자에게 전달하고 그 효과를 얻는 일련의 행위"를 뜻하였고, 출판에 대한 의미는 "인간문화 축적의 일반적 수단", "인류문화 및 그 성과의 위대한 발견과 끊임없는 진보를 위한 위대한 조건"일 뿐만 아니라, "출판은 공공사항에 대해 공동정신과 참여의식을 불러일으키고 선양함으로써 시민의 덕행과 나라의 복지를 위해 가장 강렬하게 생생한 이익을 촉진한다"고 보는 것이었다. 이러한 의미에서 출판은 개인의 발전은 물론 정부와 사회의 발전에 이바지하는 매체이며, 문화를 창조하는 매체라는 점이 강조되었다.[130]

다른 측면에서 본다면 전통적인 출판은 유용한 형태의 정보를 제시하여 부가가치를 창출하는 과정으로서 이에는 도서, 잡지, 신문 등이 있다. 이러한 형식들은 다른 형식과 매우 구분이 잘 되어 있으며, 각기 다른 매체형식의 수용자들은 각기 다른 기대감을 가지고 있다. 그러나 출판에 대한 정의가 현재 문제가

---

130) 오경호(1994), 『출판커뮤니케이션론』, 서울: 일진사, pp. 13~17.

되고 있는 것은 무엇보다도 다음과 같은 이유에서이다.

첫째, 출판은 곧 도서를 의미한다는 생각 때문이다. 그러나 엄격하게 구분한다면 출판과 도서는 분명 다른 차원의 의미를 가지고 있다. 앞에서 예로 든 개념에 따르면 도서는 출판행위의 한 결과물을 지칭할 뿐이다. 즉, 출판은 하나의 과정이며 일련의 행위인 반면, 도서는 그러한 행위나 과정의 산물이다.

둘째, 출판이 인쇄의 개념과 병치되어 존재하면서 혼란을 불러오고 있다. 인쇄술은 도서의 대량생산과 자본주의 발달과 더불어 도서의 상업화에 기여한 '하나의 기술'임에 틀림없으나, 출판업 종사자나 이에 관계된 전문인들조차 출판과 인쇄는 상호분리될 수 없는 것이라는 개념상의 등식이 뿌리깊게 내재해 있다. 이로 말미암아 출판은 곧 인쇄물을 의미하게 되었고, 아직도 출판과 인쇄는 동류항으로 분류되고 있다.

셋째, 디지털 기술에 의한 새로운 출판매체가 등장함에 따라 기존의 '출판' 개념이 문제시되고 있다. 디지털 기술은 '종이 없는' 출판을 가능하게 하였으며, 기존의 출판행위 자체를 변화시키고 있다. 이로 인해 출판에 대한 새로운 개념이 요구되고 있어 전통적인 의미의 '출판' 개념은 도전을 받고 있는 상황이다.

사실 전통적인 의미이든 새로운 상황에서의 출판에 대한 개념이든 간에 '출판'이란 일반적으로 '공표하기(to make public)'[131]라고 단적으로 말할 수 있다. 인류 역사에서 커뮤니케이션 수단의 발달이라는 측면에서 볼 때 '공표하기'의 주요 수단은 문자를 기초로 한 글을 통해서 이루어져 왔다. 말은 메시지

---

131) Giles Clark(1994), *Inside Book Publishing*, London : Blueprint, p. 2.

의 전달자와 수신자가 현존하는 가운데 행해지는 커뮤니케이션인 반면, 글은 어느 한편이 부재하는 가운데 행해지는 커뮤니케이션이다. 따라서 필사(筆寫)와 인쇄의 도입은 인지발달을 위한 전형적인 조건으로 간주된다. 이런 입장에서 문자와 글이 비판적 사고능력을 장려한다고 보고 있는데, 이는 다음과 같은 이유에서이다.

첫째, 문자화된 메시지 수신은 말씨가 능란한 저자의 실제 현존 없이도 가능하다.

둘째, 단어들이 일련의 페이지 위에 단선적으로 배열되는 것은 인과논리에 상응하며, 글은 메시지에 대한 개별적인 수용을 가능하게 함으로써 일시적인 감정이 아닌 냉정한 성찰의 여지를 마련한다.

셋째, 기록물은 물질적이고 안정적이기에 그 메시지의 반복적인 수용이 가능해지며, 반성적인 사고를 위한 기회를 제공한다.

넷째, 글은 전통의 권위와 위계의 정당성을 무너뜨린다.

이런 관점의 논리적 결론은 필사와 인쇄가 서구적 경험의 주요한 부분을 이룬다는 것인데, 그 경험은 이성, 자유, 평등 같은 가치들과 과학, 민주주의, 자본주의 또는 사회주의 등의 제도들을 수반한다.[132] 전통적인 의미에서 출판의 대표적 매체인 도서는 사상과 지식을 전달하여 사회문화를 담지해 내는 매체이며, 그 다양성은 민주주의의 초석이 되어 왔다. 이러한 도서는 다른 커뮤니케이션 매체와는 달리 다음과 같은 강점을 가지고 있다.

① 내용의 길이에 제한이 없음   ② 영구성

---

132) 마크 포스터, 김성기 옮김(1994), 『뉴미디어의 철학』, 서울 : 민음사, p. 160.

③ 이동의 편리성　　　　　　　④ 견고함

⑤ 재독(再讀) 가능성·회람성　　⑥ 접근의 용이성

⑦ 편리성　　　　　　　　　　⑧ 외형적인 매력성

⑨ 사회적 지위　　　　　　　　⑩ 저렴한 가격

　이러한 특징을 가지고 있는 도서는 강력한 정보원이 필요 없으며, 전자매체와 같이 판매 후 애프터서비스가 불필요하고, 변화를 초월한다. 도서출판은 전 세계적인 유통망을 통해 이윤을 창출할 수 있으나, 현재에는 전자적 형태의 오락매체나 교육매체, 정보매체와 치열한 경쟁관계를 맺고 있다. 비록 도서매체가 이러한 도전에 직면해 있으나, 여전히 문자문화의 지속적인 창조자일 뿐만 아니라 수호자임에는 이론(異論)의 여지가 없다. 즉, 어떠한 책이든 혹은 출판인이든 '사상의 게이트키퍼(gatekeeper)'임에는 변화가 없다.[133] 전통적인 도서를 출판하는 출판산업은 현재 다양한 실체와 성격의 복합물로 규정되며, 고도로 분화된 산업으로 파악되고 있다. 이제 출판은 단지 도서만을 의미하는 협소한 개념에서 전자적 정보를 서비스하는 광의의 개념으로 탈바꿈하고 있다. 정보사회 이전에는 출판이란 사상이나 감정 등을 정형화된 용기에 담아 수용자에게 전달하는 일련의 행위를 의미했으며, 이러한 행위를 둘러싼 경제적 관계를 통칭하여 출판산업이라 했다. 따라서 출판산업에는 도서를 중심으로 넓게는 신문, 잡지, 음반, 오디오북, 비디오북까지를 포괄하였다. 그러나 일반적으로는 도서를 중심으로 한 일련의 경제적 행위, 즉 생산·유통·소비를 둘러싼 경제적 메커니즘을 의미하였다. 하지만 이와 같은 아날로그 시대의 출판산업 개념으로는 더 이상 디지털화된 출판물을 적절하게 설명해 줄 수 없게 되었다. 이에

---

133) Lewis A. Coser, Charles Kadushin, Walter W. Powell(1982), *BOOKS—The Culture and Commerce of Publishing*, N.Y.: Basic Books Inc., p. 362.

따라 새로운 출판 산업의 개념이 필요하게 되었는데, 이에는 반드시 아날로그 형태의 출판뿐 아니라 디지털화된 출판이 포함되어야 한다. 이러한 요건을 충족시키기 위해 출판산업의 영역을 재개념화할 필요가 생겨난 것이다.

디지털 시대의 출판의 개념은 크게 아날로그 출판과 디지털 출판으로 구성된다. 아날로그 출판은 인쇄나 녹음·녹화 등의 복제기술을 이용한 전통적인 출판을 의미하며, 이에는 도서를 중심으로 신문·잡지·음반·오디오북·비디오북 등이 포함된다. 도서에는 일반 단행본, 교과서와 참고서, 전집류, 만화책 등이 있다.

디지털 출판은 크게 세 개의 영역으로 구분해 볼 수 있는데, 여기에는 전자도서·전자신문·전자잡지가 포함된다. 이른바 전자출판물(electronic publications)이 이에 해당된다. 전자도서는 다시 네트워크형, 패키지형(CD-ROM 등), 휴대용 전자도서로 구분된다. 네트워크형 전자도서는 '온라인 책' 혹은 '전자책(e-Book)'으로 불리기도 하는데, 이것은 출판사가 중앙컴퓨터에 여러 분야의 최신정보를 저장하고 이를 인터넷 등을 통해 독자에게 내용을 전달하는 체계를 말한다. 네트워크형 도서는 의학, 물리학, 과학, 컴퓨터 등 전문 분야 출판사가 최신정보를 신속하게 전달한다는 장점을 이용하기 위해 연구에 앞장서고 있는 것이 전 세계적인 추세이다.

(2) 출판의 재개념화

디지털 기술에 의한 출판산업의 영역 확장은 새로운 사용자를 만들고 새로운 시장을 창출하고 있으며, 나아가 출판인에게 새로운 출판기회를 부여하고 있다. 이와 같은 사회적 부가가치를 새롭게 생산해 내고 있는 출판의 특징은 전통적인 출판과 비교할 때 차별화된 새로운 특징을 가지고 있다. 이처럼 출판에 대한 개념의 변화는 출판산업에 대한 개념의 변화를 초래했으며, 출판에 대한 근본적인 인식을 바꾸어 놓고 있다.

특히 출판이 올드 미디어라는 생각은 시대착오적인 사고로 인식되고 있다. 출판은 이제 다가오는 정보 시대에 최첨단매체로 자리잡고 있으며, 문화산업의 대표주자로 자리잡아 가고 있기 때문이다. 따라서 이처럼 매체환경의 변화에 따라 그 개념과 범주가 변하고 있는 출판에 대해 '저작권법' 등 관련 법률이 제대로 정의하고 적절하게 규정해 주지 않는다면 실제업무와의 괴리는 불가피한 것이다. 예컨대, 현행 저작권법에 따르면 기존에 출판권설정계약이 되어 있는 저작물이라 하더라도 그 저작재산권자가 임의로 전송권을 발휘해서 새로운 이용을 허락하더라도—여기서의 새로운 이용이란 곧 'e-Book'을 포함한다—출판권자로서는 이에 저항할 아무런 근거가 없다. 결국 새로운 전송권 이용허락계약을 맺지 않는 한 우리 출판사들은 새로운 이용형태에 관한 권리를 모두 상실할 수도 있으며, 향후 개발업체들의 공세 앞에 무력해질 수밖에 없다. 곧, 저작권법에서 정의하고 있는 출판이란, "저작물을 인쇄 또는 이와 유사한 방법을 통해 문서 또는 도화의 형태로 복제해서 그 복제물을 배포하는 것"이라고 할 수 있다. 그리고 이와 같은 방법으로 출판할 수 있는 권리를 '출판권'이라 하며, 그러한 출판권을 복제권자로부터 설정받은 사람이 곧 '출판권자'가 된다. 그러므로 새로운 형태의 도서는 현행 저작권법상의 출판권으로 보호받을 수 없다는 문제가 심각하게 제기되고 있는 것이다. 이에 본 연구자는 저작권법에 다음과 같은 내용을 개정 또는 신설할 것을 제안한 바 있다.[134]

---

134) 김기태(2001), "저작권법상 출판권의 문제점과 개선방향—전자책(e-Book)이 안고 있는 문제점을 중심으로", 한국비블리아학회 편, 「한국비블리아」 참조.

• 제2조 정의 규정에 '출판(publication)'을 신설

출판: 출판이라 함은 저작물을 인쇄 또는 이와 유사한 방법을 통하여 문서 또는 도화로 발행하는 것과 전자적 장치로써 유형물에 고정하거나 전송에 의하여 보거나 들을 수 있는 것을 포함하여 기존의 도서와 같은 기능을 하는 것을 말한다.

• 제3장 '출판권' 관련 조항을 개정

제54조 제1항 '출판권의 설정': 저작물을 복제·전송·배포할 권리를 가진 자는 그 저작물을 인쇄, 그 밖의 이와 유사한 방법으로 문서 또는 도화로 발행하고자 하는 자 및 전자적 장치를 통하여 전송하고자 하는 자에 대하여 이를 출판할 권리를 설정할 수 있다.

현행 출판및인쇄진흥법 제2조 정의규정 제1항에서 "출판이라 함은 저작물 등을 종이 또는 전자적 매체에 편집, 복제하여 간행물(전자적 매체에 의하여 발행하는 경우에는 전자출판물에 한한다)을 발행하는 행위를 말한다", 그리고 제6항에서는 "전자출판물이라 함은 이 법에 의하여 신고한 출판사가 저작물 등의 내용을 전자적 매체에 실어 이용자가 컴퓨터 등 정보처리장치를 이용하여 읽거나 보고 들을 수 있도록 발행한 전자책 등의 간행물을 말한다"고 규정함으로써 전자책을 비롯한 전자출판물 역시 출판에 의한 결과물임을 명시하고 있다.

하지만 현재로서는 저작권법의 규정이 출판및인쇄진흥법과는 달리 표현되고 있으므로 새로운 저작권 환경에 대한 철저한 이해와 합리적인 표준계약서를 개발하여 출판계 전체가 공동으로 대응하려는 노력이 중요하며, 기존의 출판권 설정계약서와 함께 전송권 이용허락계약서를 동시에 활용하는 것이 가장 바람직한 것으로 보인다. 아울러 위에 제시한 바와 같이 현행 저작권법상의 '출판권'에 관한 규정을 포괄적으로 개정하려는 노력, 더 나아가 정의규정에 전자형

태를 포함하는 '출판' 또는 '도서'에 관한 명시 규정을 신설하려는 노력이 법제
화로 관철되어야 할 것이다.

(3) 출판물의 대여권 및 판면권 신설

1) 출판물의 대여권 신설

'대여'는 엄밀한 의미에서 '배포'에 속하는 개념이다. 즉, '배포'란 저작권
법 제2조 제15호에 따르면, "저작물의 원작품 또는 그 복제물을 일반공중에게
유상 또는 무상으로 양도하거나 대여하는 것"으로서, 저작물을 시장에 유통시
키는 일반적인 방법이기도 하다. 따라서 그렇게 하려면 저작재산권으로서의
배포권을 가지고 있는 저작권자로부터 허락을 받아야만 하는 것이다. 그러므
로 복제권과 관련해서 배포권을 적절히 행사하면 저작권의 효율적인 관리에도
상당한 효과가 있을 수 있다. 예컨대, 다른 나라에 저작물 이용을 허락할 경우
에 복제권을 발휘하여 복제에 의한 이용을 허락함과 동시에 배포권을 행사하여
지역적 또는 시간적인 제한을 둘 수 있다. 즉, 저작물을 배포함에 있어서 지역
적 범위를 한정하고 언제까지만 배포할 수 있다는 규정을 두게 되면 저작권의
관리는 물론 이익의 폭도 넓힐 수 있다는 것이다.

아울러 배포를 정의함에 있어 "양도하거나 대여하는 것"이라고 명시하고
있으므로 배포에는 대여까지도 포함된 것으로 보이지만, 권리의 작용상으로는
배포권에 대여권이 포함된 것으로 보기는 어렵다. 배포권과 대여권은 엄연히
별도의 독립된 권리로 보는 것이 국제적 추세이기 때문이다.

한편, 이러한 배포권을 철저히 보호하게 되면 이용자들에게는 상당한 번거
로움이 따를 수밖에 없다. 저작물 또는 그 복제물을 어떤 방법으로 이용하든지
그때마다 배포에 따른 허락을 별도로 받아야 하기 때문이다. 예컨대, 어떤 저작
물을 책으로 출판했을 때 그것이 독자의 소유가 되기까지는 복잡한 유통과정을

거치게 되는데, 그때마다 배포에 따른 권리를 따져야 한다면 어떻게 될까? 그런 점을 감안해서 저작권법 제43조에서는 "저작물의 원작품이나 그 복제물이 배포권자의 허락을 받아 판매의 방법으로 거래에 제공된 경우에는 이를 계속하여 배포할 수 있다"고 규정하고 있다. 이는 발행(發行)이란 "저작물을 일반공중의 수요를 위하여 복제·배포하는 것"이라고 규정한 것과 같은 취지이다. 따라서 출판권처럼 발행을 전제로 한 이용허락을 얻게 되면 그 이용자는 이후로 별도의 허락이 없어도 임의로 저작물을 배포할 수 있다.

이미 배포의 개념을 정의하면서 배포에는 대여가 포함되지만 배포권에는 대여권이 포함되지 않음을 살펴보았는데, 외국의 입법례를 보더라도 배포권이 제한된 복제물의 대여업이 성행함으로써 저작재산권자의 경제적인 이익에 손실을 가져올 수 있으므로 이를 보상할 목적으로 대여권을 신설한 경우가 많았다.[135] 따라서 대여권은 저작재산권자의 기본적 권리인 복제권·전시권·공연권·방송권·배포권 등과 같은 독립적인 권리라기보다는 거래의 안전을 위해 배포권을 제한함에 있어서 저작재산권자에게 예상하지 못한 손실을 끼칠 우려가 있으므로 배포권 제한의 예외로서 부수적으로 인정한 권리라고 할 수 있다.

그렇다면 음반에 대해 대여권을 부여한 것처럼 출판물, 즉 도서에 대해서도 대여권을 인정해야 마땅하다. 왜냐하면 주지하는 것처럼 전국적으로 도서대여업이 성행함으로써 저작권자는 물론 출판권자들의 이익에도 커다란 위해를 가하고 있기 때문이다. 도서대여점과 더불어 불법복제의 성행은 출판산업 성장에 있어 커다란 장애요인이 아닐 수 없다. 이러한 폐해를 예방하기 위해서는 도서에 대한 대여권 신설이 절실히 요망되며, 도서에 대한 대여권은 별도의 조항을 두기보다는 제3장 출판권 조항 중에 삽입하거나 출판권 설정조항에 단서로

---

135) 독일에서는 1972년에 서적 및 음반에 대하여, 미국과 일본은 1984년에 음반에 대하여 대여업에 따른 저작재산권자의 경제적 손실을 감안하여 '대여권'을 신설한 바 있다.

부기하는 방안을 강구하는 것이 가장 타당한 것으로 보인다.

2) 판면권의 신설

판면권 입법론은 이미 오래 전부터 제기되어 왔다.[136] 특히 한승헌[137]은 1992년도에 이미 "무단복제자에 대한 직접적 대응이 가능해진다"는 점에서 "판면권 입법론에 대한 검토"를 긍정적으로 생각해야 한다고 주장한 바 있다. 곧 저작물의 저작자가 출판물에 대해서 갖는 저작권과는 별도로 출판물의 판(edition)에 대하여 출판자에게 독립된 권리를 인정할 것인가 하는 점은 오래 전부터 제기되어 왔던 것이다.

이러한 출판물의 판면은 사실 출판자 측의 창의와 비용에 의해 구성되는 것인데도 복사기와 복제기술의 놀라운 향상 보급에 따라 누구든지 손쉽게 그대로 복사할 수 있게 되어 출판자가 입는 불이익도 차츰 커지고 있다. 우리 주변에서 그 실태를 보더라도 과거에는 이른바 원서로 불리는 외국서적에 대한 무단복사만이 문제가 되었으나 요즈음에 와서는 국내 서적에 대한 무단복사 또한 성행하여 서적의 판매량에 영향을 미치고 있다. 특히 대학가 주변의 복사점에서는 대규모의 단행본 복사행위가 공공연하게 이루어지고 있다는 사실은 출판계를 매우 당혹스럽게 만들고 있는 실정이다.

이와 같은 저작권자의 복제권 침해행위임은 분명하지만 그와는 별도로 출판권자의 권리를 침해한 것으로도 볼 수 있는지, 침해라면 무슨 권리의 침해인지를 따져보면 모호한 점이 있다. 출판권자에게는 단순허락계약의 경우에는

---

136) 이두영(1988), "판면에 관한 출판자의 권리", 「계간 저작권」 1988년 겨울호, pp. 40~45 및 김성재 (1989), "저작권법상의 출판 실상과 출판권 확립", 「계간 저작권」 1989년 봄호, pp. 4~8 참조.
137) 한승헌(1992), "저작권관계법의 문제점과 개선방안", 팽원순 외, 『출판관계법 개선방안 및 출판문화 진흥방안 연구』, 서울 : 한국출판연구소, pp. 61~63 참조.

물론이고 출판권설정계약에 의한 출판을 한 경우에도 저작물의 이용을 제3자에게 허락할 권리를 갖고 있지 않으므로 배포의 목적이 없는 무단복사행위를 금지시킬 권리가 없기 때문이다. 하지만 출판사에서는 원고의 정리, 활자나 그림·사진 등의 선택 및 배열, 판면의 크기와 레이아웃 등을 포함한 판면 구성 등에 창의력을 기울인다. 이처럼 출판물에 있어서 판면의 구성은 출판자의 창의와 노력의 성과임에 분명하므로 이것을 무언가 별도의 권리로 보호해야 한다는 논리가 설득력을 갖는 것이다.

이미 영국에서는 저작권법에 판면 보호에 관한 규정을 두고 있다. 영국 저작권법 제1조에서는 발행물의 판면배열(typographical arrangement of published edition)을 저작물의 일종으로 명시하고 있으며, 1956년 영국 저작권법에는 "하나 또는 둘 이상의 문학적 연극적 또는 음악적 저작물의 모든 발행된 판면에 저작권이 있다"라고 규정하고 있다. 그리고 이 권리[138]는 "판면이 최초로 발행된 역년(曆年)의 끝날부터 기산하여 25년간 존속한다"라고 명시하고 있다. 아울러 영국 저작권법 제15조에서는 판면의 활판 인쇄상의 조판체제를 사진술 또는 이와 유사한 방법으로 복제하는 것을 권리의 침해로 본다고 분명하게 밝히고 있다. 그 밖에도 독일 저작권법에서는 저작권의 보호를 받지 못하는 저작물이라 할지라도 "학술적 조사의 성과로서 이왕의 판면과 본질적으로 다른 때에는 그 출판자는 발행 후 10년간 인접권적인 보호를 받는다"고 규정하고 있으며, 대만 저작권법에도 10년간 판면권을 인정하는 규정이 있다.

이 같은 국제적 동향과 국내 불법복제 이용실태를 감안할 때 우리나라에서도 저작권자와의 권리와는 별도로 출판물의 판면에 대하여 출판자의 독자적 권리를 인정하는 것이 필요한 시점에 도달한 것으로 보이며, 이러한 판면권을 저

---

138) copyright in published editions of works.

작권의 일종으로 보기에 무리가 따른다면 최소한 저작인접권의 성격으로라도 보호해야 할 것이다. 그리하여 실연자, 음반제작자, 방송사업자 등에게만 부여되고 있는 저작인접권을 '출판권자'에게까지 넓히는 방안을 적극적으로 강구해야 할 것이다.

(4) 무단복제의 규제방안 마련

지난 2000년 개정 저작권법에서 제27조 '사적 이용을 위한 복제' 조항을 "공표된 저작물을 영리를 목적으로 하지 아니하고 개인적으로 이용하거나 가정 및 이에 준하는 한정된 범위 안에서 이용하는 경우에는 그 이용자는 이를 복제할 수 있다"라는 것에 덧붙여 "다만, 일반공중의 사용에 제공하기 위하여 설치되어 있는 복사기기에 의한 복제는 그러하지 아니하다"라는 단서를 신설한 것은 매우 다행스러운 일이었다. 그러나 실질적으로는 이를 위반했을 경우 어떠한 형사상 벌칙이 가해지는지, 민사상 손해의 구제방법은 어떠한지 규정된 바가 없어서 실효성에 대한 의문이 가중되고 있다.

사적 이용을 위한 복제뿐만 아니라 어떤 이유에서건 복제행위로 인한 수요의 감축은 저작자의 창작의욕은 물론 출판자의 사업 의욕 또한 약화시키는 절대적인 요인임에 틀림없다. 이런 점을 감안하여 대부분의 나라에서 저작권자의 '복제권'을 핵심적인 권리로 인정하고 있다. 게다가 일부 국가에서는 출판자에게 '판면권'과 같은 저작권이나 저작인접권에 상당하는 권리를 부여하는 예도 있고, 심지어 복사행위 이외의 저작물 이용이 저작자의 합법적 이익을 해친다고 판단하여 대여권이나 대출권과 같은 새로운 제도를 도입하는 예도 있다. 또한 많은 국가에서는 '불법'은 아니라 하더라도 저작자의 이익을 해치는 복제행위에 대하여 복제보상금제도로 대처하기도 한다.[139] 따라서 현행 저작권법의 처벌조항 중에 "저작자 등의 허락을 받지 않은 저작물의 복제 또는 배포를 업으로 하는 경우 이를 제재할 수 있는 실질적인 규정"을 신설해야 하며, 도서의 대여권 내지는 판면권이 신설된다면 무단복제를 규제하는 실효성이 더욱 증대될 것으로 기대된다.

5. 새로운 권리의 도입과 기타 방안

현행 국내 저작권법은 개별 행위에 근거한 분류체계를 유지하고 있다. 그러나 매체의 기술이 계속 진전될 것이라는 사실에 비추어 볼 때 저작물의 특정한 기술적 이용에 따라 저작권자의 배타적인 권리를 다발식으로 논의하는 것이 과연 적절한가 검토하지 않을 수 없다. 즉, 현행 저작권법에 따르면 저작권을 구성하는 개별적인 권리는 저작물이 사용되는 형태와 사용된 특정 기술에 따라 정해지고 있는데, 기술의 개발속도 측면에서 볼 때 특정 기술에 근거한 법제화는 곧 퇴화할 것이라는 우려가 제기되고 있는 것이다. 이는 또한 장기적으로 보았을 때 해석이나 부분적 개정을 통해 기술개발에 대응하는 방법의 비효율성을 검토할 필요가 있다는 의미이기도 하다. 여기서는 이러한 문제점을 바탕으로 새로운 환경에 어울리는 새로운 권리의 신설을 모색하는 방안에 대해 살펴보고자 한다.

(1) 현시권

우리 저작권법에서 신설한 '전송권'의 모체가 된 것으로, WCT에서는 디지털 송신을 규율하기 위해 공중전달권을 신설했으며, 이는 이 조약에서 가장 중

---

139) 최경수(1999), "불법 복사·복제 근절방안", 강희일·최경수, 『도서 불법 복사·복제 실태와 근절대책』, 서울: 문화관광부 외, pp. 39~40.

요한 권리의 하나로 평가받고 있다. 원래 디지털 송신에 관해서는 배포권으로 개념화하는 방안과 공중전달권으로 개념화하는 방안이 제시되었는데, 결국에는 저작권자에게 저작물의 공중에로의 배포를 허락할 배타적 권리와 저작물에 대한 공중에로의 전달을 허락할 배타적인 권리 양자를 규정하여 중립적인 방향에서 정립된 것이다.[140] 아울러 이 규정은 포괄적 해결(umbrella solution)이라 하여 보호의 대상과 보호의 방법만을 정하고 있을 뿐, 이의 수용은 각 나라에 위임함으로써 구체적으로 어떻게 디지털 송신에 대한 권리를 법적으로 기술할 것인가 하는 문제는 국내법으로 정하도록 하고 있다. 이에 따라 신설된 것이 곧 WCT 상의 공중전달권이며, 이 규정은 디지털 송신에 대한 명시적인 언급은 없으나 이를 포함하는 것으로 이해되고 있다.

이와 관련하여 일본저작권법에서는 이러한 공중전달의 개념을 '공중송신'의 개념으로 포함하고 있다. 즉, 개정 이전에는 유선방송과 주문형 유선송신을 포함하는 유선송신의 개념, 무선방송과 무선주문형 송신을 방송이라는 개념으로 통일하여 사용했으나 WCT이 무선송신과 유선송신을 구별하지 않았고, 혼합에 의한 주문형 송신이 확대되자 개정된 저작권법에서는 이러한 구별을 없애고 '공중송신'이라는 개념으로 포괄한 것이다.[141]

유럽연합에서는 공동체법상으로 주문형 송신에 대한 일반적인 배타적 권리

---

140) 이러한 결과의 이면에는 디지털 송신을 어떻게 규정할 것인가에 대한 미국과 유럽연합 사이의 대립이 작용하였다. 이러한 논쟁은 국제적인 저작권 정책 수립과정에서 어느 측의 개념이 국제조약화될 것인가에 대한 주도권 다툼을 상징하는 것이었다. 미국의 저작권법은 저작물의 공중전달에 대한 배타적 권리를 담고 있지 않으며, 유럽연합을 포함한 다른 국가들에서는 배타적인 배포권을 인정하지 않고 있다는 점에서 논쟁이 촉발된 것이다. 예컨대, 많은 국가들이 텔레비전 방송을 저작물의 공중에로의 전달로 해석하는 반면에 미국은 이를 저작물의 공연권 측면으로 다루어 왔다. 따라서 WIPO의 공중전달권에 관한 규정은 이러한 양자의 대립을 중립적으로 수용한 결과인 셈이다.

141) 일본 개정 저작권법 제2조 제1항 7–2: '공중송신'은 공중이 직접수신하게 할 목적으로 하는 유선이나 무선통신에 의한 송신을 의미한다.

를 명시적으로 규정하고 있지는 않다. 대부분의 이해당사자들은 완전히 새로운 권리로서 저작물의 디지털 송신을 보호하는 것은 바람직하지 않으며, 기존의 권리로서 보호하되 필요한 경우 약간의 변형을 가해야 할 것이라고 주장하면서 대여권 형태를 포함한 배포권, 공중전달권, 방송권 등을 제안하고 있다. 이에 대해 유럽연합위원회에서는 디지털 주문형 송신을 공중전달권에 대한 통일화된 규범으로서 보호하며, 이러한 권리는 기존의 공중전달권과 가능한 한 밀접하게 규정할 것을 제안하였다.

우리나라의 현행 저작권법은 일반공중에 대한 저작물의 전달을 배포권, 공연권, 방송권, 전시권 등의 행위로 규제해 왔으나 여기서 디지털 환경에서 저작물의 주된 전달방법이 될 디지털 송신을 기존의 권리로 규제할 수 없다는 판단에 따라 '전송권'을 신설한 바 있다. 즉, 새로운 디지털 환경의 산물인 디지털 송신은 현행 저작권법의 방송개념을 확대하여 임시방편으로 삼기보다는 디지털 송신의 특징을 살리고, 나아가 국제입법 동향에도 보조를 맞추어 조화를 이룬다는 의미에서 새로운 권리로 신설되어야 한다는 데 의견의 일치를 보인 것이다.[142]

이제 또 하나의 새로운 권리로서 이른바 '현시권(顯示權)'을 생각해 볼 수 있다. 물론 이미 저작재산권의 하나로 명시되어 있는 전시권에 포괄적으로 추가 규정을 둘 수도 있지만, 이 경우 전시권의 특성상 저작재산권자와 소유권자 사이의 충돌이 예상될 수 있다. 즉, 저작권자가 아닌 미술품 소장자가 일정 부분 전시 및 복제에 관한 권리를 행사할 수 있는 것처럼 웹상의 다양한 프로그램

---

142) 이 경우 '송신'이라는 용어는 디지털 송신을 포함한 모든 송신형태를 포괄하는 것으로 오해할 소지가 있고, '전송'이라는 용어는 송신에서와 같은 포괄적 용어로서 일반개념과 같은 특정 용어로서 적합하지 않을 수 있다. 따라서 이미 여러 국제협약에서 채택하여 사용하고 있는 '공중전달권'이 가장 무난할 것으로 보이지만, 국내 입법동향은 컴퓨터프로그램보호법과 저작권법 모두에서 '전송권'으로 규정되고 있다.

을 구입한 사람 역시 같은 논리로서 브라우징 등 각종 현시적 권리를 주장할 수 있기 때문이다.

(2) 디지털화권

전자매체는 기본적으로 디지털 기술을 활용하므로 멀티미디어로서의 성격이 강하다는 점은 이미 살펴본 바와 같다. 하지만 그것의 제작과정을 보면 영상저작물과 유사한 반면, 인쇄매체의 전자화 과정에 따라 새롭게 생겨난 전자매체에는 영상만 담겨 있는 것이 아니라 다른 여러 가지 기초 저작물이 담겨 있을수 있고, 유통방법에도 차이가 많이 있다.

이를 편집저작물로 보는 견해 역시 문제점을 안고 있다. 편집저작물의 경우 편집저작권자가 기존 저작물(각각의 구성 부분이 되는 원저작물)의 제3자의 이용과 관련한 권리관계에는 영향을 미치지 못하므로 편집저작물의 저작자가 가지는 권리는 실질적으로 원래 그대로 복제하거나 배포하는 것밖에는 없는 셈이된다. 따라서 멀티미디어의 성격을 띠는 전자매체를 편집저작물로 본다면 그 제작자의 권리 보호범위가 축소될 수도 있는 것이다.

한편, '디지털화권'이라 하여 저작물 등의 정보를 디지털 방식에 의해 처음으로 전자매체에 고정한 자에 대해 주어져야 하는 새로운 권리로서 저작인접권과 유사한 개념을 생각해 볼 수 있다. 곧 디지털 자료제작자를 보호하자는 취지에서 비롯된 것으로 이것의 범위를 어떻게 규정하고 보호할 것인지에 대해서는 여러 가지 견해가 있을 것이다. 정보가 일단 디지털 형태로 변환되면 그후의 이용은 극히 용이하고 다양하게 된다. 그런 의미에서 정보의 디지털화는 정보의 경제적 가치를 높이는 행위이며, 또 디지털화에는 통상 많은 노력과 노하우를 필요로 한다. 반면 그 모방·도용은 극히 용이하다. 이에 멀티미디어 산업의 발전을 위해 처음에 디지털화한 사업자에게 일정한 권리를 부여할 필요가 있고,

그것이 바로 디지털화권이다. 문제는 디지털화권의 내용을 어떻게 할 것인가에 있다. 만약 배타적 허락권으로 구성한다면 오히려 정보의 유통이 저해될 우려도 있으므로 이러한 강한 허락권보다는 보수청구권으로 구성해야 한다는 견해가 이미 오래 전에 제기된 바 있다.[143] 이와 관련해서는 저작권법에서 출판의 개념을 전자적인 영역까지 확대하여 규정한 후 디지털제작자를 출판권자로 보호하자는 주장도 있었는데, 매우 주목할 만한 견해라고 생각된다.[144]

결국 기존의 그것과는 완전히 다른 방식으로 탄생한 전자매체에 대해서는 새로운 분류체계를 세워 보는 방법을 논의할 때가 되었다. 물론 국제적인 저작권 환경을 보아 가며 결정해야 할 문제라는 점 또한 지나쳐서는 안 될 것이다.

(3) 피해구제제도의 현실화

저작권자는 저작권법 제93조 제1항의 규정에 따라 고의 또는 과실로 그 권리를 침해한 자에 대해 손해배상을 청구할 수 있다. 이러한 손해배상청구권은 저작권법에 명문화되어 있기는 하지만, 본래 민법 제750조에 의한 '불법행위 규정'[145]에 따라 당연히 인정되는 것을 주의적으로 규정한 것일 뿐이다. 또 민법 제741조에 따르면 부당이득반환청구권[146]이 있으므로 이것의 성립요건을 면밀하게 검토할 필요도 있다.[147] 그러므로 저작권법에만 의지해서 손해배상의 범위를 따질 것이 아니라 일반적인 민법을 원용하여 폭넓게 적용하는 방안을 생각해 보아야 할 것이다. 물론 이 경우에도 권리의 침해를 주장하는 사람은 침해자

---

143) 송영식·이상정(1997), 『저작권법개설』, 서울 : 화산문화, p. 317.

144) 이진우(1999), "전자거래와 저작권", 「계간 저작권」 1999년 봄호, p. 24.

145) 일반적으로 불법행위에 의한 손해배상청구권의 성립에는 ① 행위자의 고의 또는 과실, ② 권리의 침해, ③ 손해의 발생, ④ 권리 침해와 손해 발생 사이의 인과관계 존재 등 네 가지 요건을 갖추어야 하는데, 저작권법상의 권리 침해의 경우에도 마찬가지이다. 따라서 권리침해자가 자신의 행위가 권리침해가 됨을 알고 있었거나 또는 주의의무를 게을리했기 때문에 알지 못한 경우가 아니면 손해배상을 청구할 수 없다.

의 이익을 입증해야 할 책임을 안고 있다. 하지만 오늘날과 같은 디지털 매체를 통한 저작물의 이용환경에서는 그 침해의 정도 혹은 침해로 인한 손해액을 입증하기란 사실상 불가능한 경우가 많다. 따라서 침해자의 이익을 기준으로 하는 경우에는 침해행위의 억제라는 목적론적 견지에서 침해자가 침해행위를 통해 얻은 이익을 저작권자가 입은 손해에 관계없이 전액 반환하게 하는 입법의 필요성이 적극 검토되어야 할 것으로 보인다.

아울러 부정복제물의 부수 등을 산정함에 있어서도 피해자가 아무리 입증하려 해도 자신의 손해액을 산정하기 어려운 경우가 있다. 그래서 과거에는 비교적 무단복제가 손쉬운 출판물과 음반에 있어서 저작재산권자의 허락 없이 저작물을 복제한 경우에 그 부정복제물의 부수를 산정하기 어렵다면 출판물은 5천 부, 음반은 1만 매로 추정해 손해배상의 근거로 삼을 수 있도록 했었다. 하지만 이는 출판물이나 음반 이외의 저작물에는 적용될 수 없을 뿐만 아니라 그 숫자도 자의적이라는 비판을 피할 수 없는 등 별반 효과를 기대하기 어려웠다.

---

146) 법률상 원인이 없이 타인의 재산 또는 노무(勞務)로 인해 이익을 얻고, 이로 인해 타인에게 손해를 가한 자는 그 이익을 반환해야 한다는 것이 민법상의 부당이득반환제도이다. 현행 저작권법에는 구 저작권법에 있었던 부당이득반환청구권 규정이 삭제되었지만, 저작권을 침해하는 자는 결국 법률상 원인 없이 타인의 재산 또는 노무 때문에 이익을 얻은 것이나 마찬가지이므로 그로 인한 손실자인 권리자가 침해자에 대해 부당이득청구권을 행사하는 것은 당연한 일이다.

147) 부당이득이 성립하기 위해서는 ① 타인의 재산에 의해 이익을 얻었을 것, ② 이로 인해 타인에게 손해가 생겼을 것, ③ 발생한 이익과 손해 사이에 상당한 인과관계가 있을 것, ④ 이익을 얻음에 있어 법률상 정당한 원인이 없을 것 등의 요건이 갖추어져야 한다. 저작권 침해의 경우 ④의 요건은 당연히 충족되고 나머지 요건, 즉 침해자의 저작물 이용으로 얻은 이익의 존재와 그와 상당한 인과관계가 있는 권리자의 손해 발생이 문제가 될 뿐이다. 그런데 부당이득에서 말하는 '이익'이란 반드시 침해자가 그 이용행위로 인해 시장으로부터 얻은 이익, 즉 영업이익을 말하는 것은 아니고, 그와 같이 타인의 저작권을 이용했다는 것 자체도 여기서 말하는 이익에 포함되는 것이다. 따라서 저작권자로서는 침해자가 비록 침해행위로 인해 영업상의 이익을 얻고 있지 않은 경우에도 이와 같은 사용이익에 따른 객관적인 대가의 반환을 청구할 수 있으며, 그것은 곧 저작권 침해의 손해배상에 관한 특칙인 저작권법 제93조 제3항의 "권리행사로 인하여 통상 얻을 수 있는 금액에 상당하는 액"과 일치하는 것이다. 양찬수(1988), "민법의 관점에서 본 저작권법", 「계간 저작권」 1988년 가을호, p. 33 참조.

이에 2003년도 개정법에서는 관련 규정을 전면 개정해 '손해액의 인정'이라고
하여 "법원은 손해가 발생한 사실은 인정되나 그 손해액을 산정하기 어려운 때
에는 변론의 취지 및 증거조사의 결과를 참작하여 상당한 손해액을 인정할 수
있다"고 규정하였다.

그러나 '변론의 취지 및 증거조사의 결과'를 참작한다는 것 역시 애매하기
는 마찬가지가 아닌가 싶다. 특히 인터넷상에서 유포되는 저작물에 대해서는
부정복제물의 부수 개념을 달리 적용하는 방안이 필요한 것으로 보인다. 그 대
안으로서 인터넷상에서 유통되는 저작물의 경우에는 단순클릭까지 포함하여
조회자 수를 기준으로 삼아 각 저작물 집중관리단체로 하여금 배상금 산정기준
을 마련하도록 하는 것이 타당하다고 생각한다.

(4) 멀티미디어 저작권정보관리시스템의 구축

저작권은 저작권자 자신에 의해 직접 관리되는 것이 가장 이상적이다. 그러
나 엄청나게 다양해지고 있는 저작물과 그것을 이용하려는 사람들의 폭발적인
증가에 따라 적절한 저작물 또는 이용자를 선별하기가 사실상 어려워지는 추세
에 있다. 우선 저작권자의 측면에서 보면, 저작권에 관한 전문지식이 부족하여
자신의 권리를 적절히 행사하지 못하는 경우가 많고, 누군가에 의하여 자신의
저작물이 이용되고 있는지 파악하기 어려우며, 따라서 저작물에 대한 권리자의
직접적인 관리가 거의 불가능한 경우가 많다.

또한 이용자의 측면에서 보면, 이용허락을 얻기 위해 저작권자와 개별적으
로 접촉하는 일이 쉽지 않은 경우가 많고, 허락을 받아내는 절차에 있어서도 전
문지식이 부족한 경우에는 어려움이 많을 수밖에 없다. 특히 그것이 국제적인
경우에는 어려움이 훨씬 더 커지는 것이 현실적인 문제라고 할 수 있다. 따라서
저작권에 관한 전문적인 지식과 계약관계의 절차 등에 관한 이해를 갖춘 개인

이나 단체가 저작권을 집중적으로 관리할 수 있도록 하여 저작권자가 그 저작물을 특정 단체에 관리를 위탁함으로써 저작물 이용에 따른 수익을 얻게 함은 물론 이용자 역시 이용하고자 하는 저작물에 대한 정보를 입수하거나 선별하기 쉽고 계약에 있어서도 모든 면에서 편리를 추구할 수 있도록 하는 것은 합리적인 방법이 될 수 있다. 아울러 저작물의 국제적인 교류에 있어서도 여러 나라의 저작권관리단체끼리 협의함으로써 개인간의 교류에서 파생되는 문제점들을 극복할 수 있다는 이점도 있다.

그런 취지에 따라 현행 저작권법 제6장에서는 3개조에 걸쳐 저작권위탁관리업에 관해 규정하고 있다.[148] 그리고 이러한 저작권위탁관리업에는 대리·중개·신탁이 있으며, 이중 하나 또는 여러 분야를 동시에 업으로 삼을 수도 있도록 규정하고 있다. 하지만 이러한 저작권위탁관리업체들은 저작물의 목록관리 및 간단한 형태의 검색시스템을 갖춘 초보적인 형태의 데이터베이스만이 구축되어 있을 뿐, 직접적으로 접근할 수 있는 저작권정보관리시스템의 구축은 이루어지지 않고 있는 실정이다. 그렇다 보니 저작물 사용료 분배과정에서 각 저작물이 얼마나, 어떻게 사용되었는지 정확하게 반영하기가 어렵다. 또한 표준화된 저작물 사용료의 징수와 배분은 실제의 시장상황을 반영하기도 어렵다.

그런데 저작권정보기술이 발전함에 따라 인터넷과 같은 네트워크를 통해 새로운 가상시장을 형성하는 것이 기술적으로 가능해졌다. 그 결과 유력하게 나타난 대안은 다수의 권리자가 그들의 정보를 등록하고, 이에 이용자가 접근할 수 있는 데이터베이스를 구축하는 것이다. 개별 권리자가 직접 권리처리에 필요한 자신만의 가상공간을 구축하는 것 또한 가능하다. 데이터베이스의 경

---

148) 저작권위탁관리의 시초는 1847년 프랑스에서 음악저작물의 저작자들이 'SACEM'이라는 저작권관리단체를 결성한 것이며, 오늘날에는 다른 저작물에 대해서도 집중관리제도가 정착되고 있다. 우리나라에서도 일반적인 허가 또는 신고에 따라 저작권위탁관리업을 하는 단체나 업체가 많이 생겨나고 있다.

우 단순히 저작물에 대한 정보 제공만이 가능한 것[149]을 제1단계라고 한다면, 제2단계는 저작물 이용의 청약과 승낙 및 사용료의 지불이 모두 온라인상에서 이루어지는 것이다. 제2단계 데이터베이스가 완성된다면 저작권 및 저작물의 전자상거래를 통한 유통이 가능해진다.[150] 이에 세계 여러 나라에서는 이러한 시스템의 구축을 위해 다양한 형태의 노력을 기울이고 있다.

한편, 현재 우리나라의 저작권정보관리시스템의 근간을 이루는 것은 이른바 'CoIM 모델'로 알려져 있다. 이 CoIM(Copyright Information Management) 모델은 멀티미디어저작물을 교역하고 사용허가를 내주는 실제상황을 반영한다. 이 모델은 저작권 관리에 필요한 하부기반(infrastructure)을 구현하기 위한 기초가 된다는 점에서 의의를 갖는다.

이 모델에서 활동하는 주요 당사자는 다음과 같이 나뉜다.

_ 저작물 창작자(Creator)[151]

_ 저작물 제공자(Creation Provider)[152]

_ 저작권자(Rights Holder)[153]

---

149) 이 경우 계약은 여전히 개별 접촉을 통해 체결해야 한다.

150) 이러한 데이터베이스의 발전으로 이용자와 권리자는 전통적인 저작물 거래방식에서는 찾아보기 어려웠던 이점을 누릴 수 있다. 이용자 측면에서는 보다 쉽게 저작자와 권리자를 찾을 수 있어서 거래비용의 절감은 물론 저작권 침해의 가능성이 감소된다. 권리자 측면에서는 저작물의 이용을 촉진하고 높은 거래비용을 들이지 않고서도 계약을 성립시킬 수 있다. 더욱이, 이 방법은 사진 분야와 컴퓨터 그래픽 분야에서처럼 종래 저작물 시장의 형성이 어려웠던 분야의 이용을 촉진시킬 수 있다. 이는 이용자와 권리자가 다같이 이득을 볼 수 있는 일종의 윈윈(win win) 게임의 상황이다. 곧 저작권정보관리 데이터베이스의 구축과 발전은 가까운 장래에 직접적인 권리의 관리를 가능하게 해 준다는 점에서 의의가 크다고 하겠다. 澤西三貴子, 신창환 역, "일본 저작권정보관리시스템(J-CIS)의 발전방향", 「계간 저작권」 1999년 봄호, pp. 74~75.

151) 여기서 저작물 창작자는 문학작품의 저자, 작곡가, 음악가, 실연예술가, 사진작가, 소프트웨어 프로그래머, 비디오 창작자, 시각예술가 등과 같이 매우 넓은 범위의 창작자를 가리킨다. 아울러 이 모델에서의 저작물 창작자는 저작물 제공자 혹은 저작물 매체분배자와 같은 역할을 수행할 수도 있다.

_ 저작권 데이터베이스(IPR Database)[154]

_ 유일한 번호부여자(Unique Number Issuer)[155]

_ 저작물 매체분배자(Media Distributor)[156]

_ 저작물 구매자(Purchaser)[157]

---

152) 저작물 제공자는 저작물 구매자의 기대사항을 충족시키기 위하여 저작물 창작자를 대신해서 저작물 매체분배자에게 저작물을 제공한다. 이것의 형태는 저자, 출판사, 레코드 회사, 멀티미디어 회사, 대행업체, 제작자, 연구기관 등과 같이 식별되고 구분될 수 있다. 이렇게 다양한 저작물 제공자 형태에서 저자는 주로 저작물 제공자의 역할을, 연구기관은 저자의 역할을, 멀티미디어 회사는 저작물 매체분배자의 역할을 수행하므로 여기에서는 출판사, 레코드 회사, 대행업체, 제작자만을 고려한다.

153) 저작권자는 저작물 창작자가 지정한 대표로서, 저작물을 사용하고 복제하고 분배할 수 있는 기간을 정의하는 책임이 있다. 저작물 창작자는 법률에 의해 저작권 보호를 받을 권리가 있으며, 저작물 창작자에게 주어진 법률적인 권한과 책임은 저작권자에게 양도될 수 있다. 저작물 창작자는 저작물을 생성함으로써 그 저작물에 대한 저작권자가 되지만, '저작권 생성'과 '저작권 보호'는 엄격히 구분되는 사항이므로 이 모델에서는 두 가지 역할을 구분하여 각각의 역할에서 구분되는 활동 및 특성을 기술한다. 저작권자는 각각의 허가와 관련된 기간과 조건을 설정함으로써 복제하고 분배할 수 있는 조건부 권한의 형식으로 저작물 제공자 혹은 저작물 매체분배자에게 명확한 지시를 내린다.

154) 저작권 데이터베이스가 수행하는 기능의 일부는 이 모델 내에서의 다른 역할에서도 수행될 수 있다. 또한 저작권 데이터베이스의 요구사항은 저작권정보관리시스템 내의 다른 역할의 요구사항에 의해서도 영향받을 수 있다. 이러한 저작권 데이터베이스는 저작물의 식별 및 현재의 저작권자와 관련된 세부사항을 저장하는 저장소를 제공해야 하며, 저작물 매체분배자가 분배하는 모든 저작물에 관련된 정보를 가지고 있어야 한다. 또 저작물 교역과 관련된 세부사항이 저작물 구매자에 의해 확인될 수 있도록 구성되어야 하며, 저작권자로부터 메타데이터를 받을 수 있어야 한다. 그리고 이러한 메타데이터는 저작물 매체분배자가 분배한다.

155) 저작물 창작자가 저작권정보관리시스템에 제출한 모든 저작물에는 유일한 번호가 할당되어야 한다. 유일한 번호는 해당 저작물의 사용에 대한 허가 및 저작권료의 지불 목적으로 현재의 저작권자에 대한 식별을 가능하게 한다. 특히 전자환경에서는 디지털화된 창작물이 효과적으로 식별되고 보호되며 사용되기 위한 유일한 번호부여 시스템이 필수적이다.

156) 저작물 매체분배자의 기본적인 역할은 저작물 창작자, 저작물 제공자, 저작권자를 대신하여 저작물 구매자의 요구를 만족시키는 상업적인 교역관계를 설정하는 것이다.

157) 저작물 구매자는 저작권정보관리시스템의 최종사용자(end-user)이다. 이것의 형태는 기관(도서관, 교육단체, 정부), 회사, 공공기관, 개인소비자 등과 같이 식별되고 구분될 수 있다. 저작물 구매자는 저작물을 사용하여 새로운 부가가치를 얻을 수도 있는데, 이 경우에는 저작물 구매자가 동시에 저작물 창작자 또는 저작물 제공자의 역할을 수행한다.

이러한 주요 당사자들이 어떻게 연관되어 활동하는지를 살펴보면 다음과 같다.

먼저 저작물 창작자는 자신의 저작물을 저작물 제공자에게 제공한다. 또한 저작물 창작자는 저작물의 사용권한을 저작권자에게 부여할 수 있다. 저작물 창작자와 저작권자 사이에 이루어지는 계약에 관한 정보는 저작권 데이터베이스에 저장된다. 그런 다음 저작물 제공자는 유일한 번호부여자로부터 제공받은 저작물에 대한 유일한 번호를 가지고 후에 저작물을 식별할 수 있도록 저작물 내부에 비밀번호를 찍는다. 저작물 제공자는 저작권료 및 사용허가 정보와 함께 이 저작물을 디지털 형식으로 저작물 매체분배자에게 제공한다. 저작물 매체분배자는 이 저작물을 인터넷과 같은 공공 네트워크를 통하여 접근이 가능하도록 저작물 분배 서버에 저장한다.

저작물 구매자가 저작물을 얻기 위해서는 먼저 저작물 매체분배자와 접촉하여 요청된 저작물이 입수 가능한지의 여부와 함께 사용료를 알아낸 다음 사용료를 지불하고 저작물을 구매한다. 저작물 매체분배자는 그 저작물에 대한 개인용 복사본을 만들어 구매자가 다운로드하게 한다. 그런 다음 저작물 매체분배자는 저작권 데이터베이스에 저장된 저작권자 및 비용지불 관련 사항에 따라 저작권자에게 적절한 저작권료를 지불한다. 이때 저작권료는 즉시 지불될 수도 있지만, 일단 받아두었다가 적당한 시기에 넘겨줄 수도 있다. 이 모델에서의 저작권료 지불은 전자화폐(E-cash) 혹은 신용카드를 통한 전자형식으로 온라인상에서 이루어진다. 만일 전자화폐로 지불된다면 전자화폐를 다루는 은행이 중간자 역할을 할 것이다.

또한 저작물 구매자는 구매한 저작물을 사용하여 이를 포함하는 새로운 저작물을 만들어 자신이 저작물 창작자가 될 수도 있다. 이러한 상황이 가능하게 되려면 반드시 원래 저작물의 저작권자로부터 허가를 받아야만 한다. 원래 저작물의 저작권자는 자동적으로 원래 저작물을 포함하는 새로운 저작물에 대한 저작권을 가지게 된다. 이러한 경우 저작권료의 흐름은 저작권 데이터베이스에 의해 결정된다.

한편, 저작물 분배 서버로부터의 모든 저작물 이동은 모니터링 서비스 제공자(monitoring service provider)에 의해 로깅(logging)되어 기록된다. 이러한 로깅 정보는 저작권자가 해당 저작물로 인한 모든 저작권료를 올바르게 받고 있다는 것을 확인하는 데 사용된다. 아울러 저작권정보관리시스템에서는 보증당국(certification authority)의 역할이 매우 중요하다. 이 보증당국은 ① 저작물 제공자가 저작물 매체분배자에게 저작물을 업로드하여 줄 때 저작물 매체분배자의 확인, ② 저작물 매체분배자가 저작물 구매자에게 저작물을 업로드하여 줄 때 저작물 구매자의 확인, ③ 저작물 구매자가 저작물 매체분배자에게 저작물 구매에 대한 지불시 저작물 매체분배자의 확인 등과 같은 역할을 수행한다.

지금까지 살펴본 것처럼 디지털 기술의 발달은 기존의 출판물 위주의 저작권 환경에 엄청난 변화를 가져와 이제는 '멀티미디어'로 표현되는 디지털저작물의 탄생을 실감하게 되었다. 이러한 멀티미디어저작물은 그것의 창작 및 제작에 기존의 많은 저작물이 이용되거나 동원되어야 하기 때문에 그 구성 부분을 이루는 수많은 원저작물에 대해 보호받지 못하는 저작물이거나 저작권이 소멸된 경우를 제외하고는 저작자들로부터 이용허락을 받아야 한다.

그러나 멀티미디어 디지털저작물의 원저작자를 일일이 찾아내어 이용허락을 받기란 결코 쉬운 노릇이 아니다. 또한 디지털저작물의 저작권자는 자신의 저작물이 디지털 환경 안에서는 변경 및 침해가 매우 쉽기 때문에 이에 대한 관리가 필요하다. 따라서 디지털저작물에 있어 저작권관리정보는 물론 이를 이용하여 저작권법의 목적인 문화의 향상발전에 이바지할 수 있는 집중관리의 필요성에서 비롯된 것이다.

저작권심의조정위원회가 지난 1998년 9월에 착수한 '멀티미디어 저작권정보관리시스템'이 1999년 10월에 시범 개통된 이래 우리나라 저작권정보관리시스템은 지속적으로 자료를 축적시켜 오고 있다. 그동안 정보사회의 성숙과 더불어 저작물 수요가 급증하고 있으나 저작권정보를 종합적으로 제공해 주는 창구가 없어 우수한 저작물이 사장되는가 하면 새로운 창작에 대한 유인(誘因)도 부족하여 문화와 멀티미디어 산업의 발전이 지체되고, 나아가 국가정보 인프라가 제대로 기능을 발휘하지 못하는 등 저작권 문제가 오히려 정보사회의 발달에 장애요인으로 작용함에 따라 그동안 저작권계에서는 종합적인 저작권정보관리시스템의 구축이 시급한 과제라고 지적해 온 결과이기도 하다.

따라서 이 시스템은 출판사나 광고제작사, 콘텐트 제작자와 같은 저작물 이용자가 필요로 하는 방대한 양의 저작권 정보를 하나의 창구를 통해 종합적으로 제공함으로써 개별 이용자가 저작권 관련 정보 수집을 위해 일일이 찾아다니던 기존의 이용방식을 획기적으로 개선하는 데 도움이 되어야 할 것이다. 또, 산재되어 있던 데이터들을 종합적인 정보로 변환, 능동적으로 제공해 훌륭한 저작물이 사장되거나 무단사용되는 결과를 막고, 새로운 시장수요를 창출함으로써 저작권자의 권익을 증대시키는 데 기여할 수 있어야 할 것이다.

또한 멀티미디어 콘텐트 제작의 기초가 되는 양질의 저작물에 관한 방대한 정보를 지속적으로 제공하는 한편 권리 처리에 소요되는 비용을 절감시켜 문화산업의 발달을 촉진할 수 있어야 한다. 곧 지적재산권의 한 축을 담당하는 저작권에 관한 종합정보시스템을 구축함으로써 특허권 정보시스템과 함께 지적소유권 정보인프라를 완성할 수 있는 계기가 되어 문화정보인프라, 나아가 국가정보인프라의 완성에 기여할 수 있어야 할 것이다.

이 같은 시스템이 완벽하게 구축되고, 모든 저작자들이 이 시스템에 가입한다면 저작물 이용자는 물론 저작자들의 합리적인 저작물 관리에 힘입어 저작권 정보를 둘러싼 이용관계의 획기적인 개선이 이루어질 것으로 기대된다. 따라서 디지털 환경에 대한 전반적인 이해와 활용을 위한 저변의식의 확대가 시급하며, 이를 위한 당국의 전향적인 노력과 지원이 절실하다.

참 고 문 헌

계승균(2004), "저작권과 소유권", 「계간 저작권」 2004년 봄호, 서울 : 저작권심의조정위원회

고정기(1991), 『잡지 편집의 이론과 실제』, 서울 : 보성사

김기태(2000), "뉴미디어의 기술진전과 저작권 보호에 관한 연구", 경희대학교 대학원 신문방송학과 박사학위 논문

김기태(2000), 『저작권법의 해석과 적용(개정판)』, 서울 : 삼진기획

김기태(2005), 『매스미디어와 저작권』, 서울 : 이채

김기태(2005), 『한국저작권법개설』, 서울 : 이채

김상환(1998), "매체와 공간의 형이상학", 김상환 외, 『매체의 철학』, 서울 : 나남출판

김우룡(1991), 『뉴미디어 개론』, 서울 : 나남

라도삼(1997), "가상공간(cyberspace)에서의 주체(subject)의 형태 변화에 대한 연구", 중앙대학교 대학원 신문방송학과 박사학위논문

문선영(1998), "인간과 기술에 대한 공진화(co-evolution)론적 접근—SF영화 '에일리언' 분석을 중심으로", 중앙대학교 대학원 석사학위논문

문화관광부(2000.12.), 『한국 전자책(eBook) 산업 발전방안 연구』

박근수(2000), "전자책의 현황과 발전방향", 문화관광부 / 한국출판연구소, 『디지털 시대의 전자책(ebook) 발전방향』

박문석(1997), 『멀티미디어와 현대저작권법』, 서울 : 지식산업사

박성호(2000), "카피레프트(Copyleft) 개념의 생성과 그 전개", 「계간 저작권」 2000년 여름호, 서울 : 저작권심의조정위원회

박성호(1998), 『텔레마크와 정보화 정책론』, 서울 : 커뮤니케이션북스

서달주(2004), "단순링크에 의한 뉴스기사 이용과 부당이득반환", 「저작권문화」 2004년 12월호(제124호), 서울 : 저작권심의조정위원회

성대훈(2000), "국내 전자책(eBook) 서비스업체의 현황과 발전 방안에 관한 연구", 중앙대학교 신문방송대학원 석사학위논문

손 용(1986), 『텔레커뮤니케이션론』, 서울 : 세영사

송영식·이상정(1997), 『저작권법개설』, 서울 : 화산문화

송영식·이상정(2003), 『저작권법개설(제3판)』, 서울 : 세창출판사

송해룡(1992), 『커뮤니케이션정책론』, 서울 : 여강출판사

오경호(1989), 『印刷커뮤니케이션入門』, 서울 : 범우사

오승종·이해완(1999), 『저작권법』, 서울 : 박영사

오승종·이해완(2004), 『저작권법(제3판)』, 서울 : 박영사

윤준수(1998), 『인터넷과 커뮤니케이션 패러다임의 대전환』, 서울 : 커뮤니케이션북스

이강수(1996), 『커뮤니케이션 패러다임 논쟁』, 서울 : 나남

이기수·안효질(1999), "인터넷과 저작권", 「계간 저작권」 1999년 여름호, 서울: 저작권심의조정위원회

이봉재(1998), "컴퓨터, 사이버스페이스, 유아론—사이버스페이스의 철학적 의미", 김상환 외, 『매체의 철학』, 서울: 나남출판

이상정(1998), "디지털시대의 저작권법 개정방향에 관한 소고", 「계간 저작권」 1998년 봄호, 서울: 저작권심의조정위원회

이상정(1999), "저작물의 보호범위", 「계간 저작권」 1999년 봄호, 서울: 저작권심의조정위원회

이용준(1995), "컴퓨터 테크놀러지의 도입에 의한 인쇄매체의 구조적 변화에 대한 연구", 중앙대학교 대학원 신문방송학과 박사학위논문

이용준(1999), 『디지털 혁명과 인쇄매체』, 서울: 커뮤니케이션북스

이종국(1995), "韓國의 敎科書出版과 敎科書出版政策(The Textbook Publishing and the Textbook Policy of Korea)", 제7회 국제출판학술회의 주제발표 논문, 필리핀: 마닐라

이종국(1995), "출판본질론", 범우사기획실 편, 『출판학원론』, 서울: 범우사

장인숙(1989), 『저작권법원론』, 서울: 보진재출판사

저작권심의조정위원회 편(1988), 『저작권용어해설』, 서울: 저작권심의조정위원회

저작권심의조정위원회 편(1993), 『저작권표준용어집』, 서울: 저작권심의조정위원회

저작권심의조정위원회 편(1994), 『한국저작권판례집 II』, 서울: 저작권심의조정위원회

조용철(1998), "매체기술 발달에 따른 저널리즘 속성 연구—전자신문을 중심으로", 성균관대학교 대학원 신문방송학과 박사학위논문

최경수(1995), 『멀티미디어와 저작권』, 서울: 저작권심의조정위원회

최경수(2003), "저작권의 새로운 지평: 2003개정저작권법(상)", 저작권심의조정위원회, 「계간 저작권」 2003년 가을호(제63호)

최낙진(1999), "한국 인터넷신문의 종합정보기업화에 관한 연구—시장행위전략모델을 중심으로", 중앙대학교 대학원 신문방송학과 박사학위논문

최영(1998), 『뉴미디어시대의 네트워크 커뮤니케이션』, 서울: 커뮤니케이션북스

한승헌(1988), 『저작권의 법제와 실무』, 서울: 삼민사

한승헌(1992), 『정보화시대의 저작권』, 서울: 나남

허희성(2000), 『신저작권법축조개설(개정판) 상, 하』, 서울: 저작권아카데미

澤西三貴子, 신창환 역, "일본 저작권정보관리시스템(J-CIS)의 발전방향", 「계간 저작권」 1999년 봄호

Lewis A. Coser, Charles Kadushin, Walter W. Powell(1982), *BOOKS—The Culture and Commerce of Publishing*, N.Y.: Basic Books Inc.

M. Ethan Katsh, 김유정 역(1997), 『디지털시대의 법제이론』, 서울: 나남출판

Nicholas Negroponte, 백욱인 역(1996), 『디지털이다』, 서울: 커뮤니케이션북스

Robert Escarpit, 김광현 옮김(1996), 『정보와 커뮤니케이션』, 서울: 민음사

W. Benjamin, 차봉희 역(1980), 『현대사회와 예술』, 서울 : 문학과지성사

Wilson P. Dizard Jr., 이민규 역(1997), 『올드미디어 뉴미디어―정보화시대의 매스커뮤니케이션』, 서울 : 나남
　　출판

문화관광부 홈페이지(http://www.mct.go.kr)

저작권심의조정위원회 홈페이지(http://www.copyright.or.kr)

저자 김기태(金基泰)

경희대학교 국어국문학과를 졸업하고 같은 학교 대학원 신문방송학과에서 박사학위를 취득했다. 삼성출판사·지학사·아이템풀·삼진기획 등 여러 출판사에서 다년간 실무에 종사했으며, 이후 서울편집디자인스쿨·혜천대·인하대·광주대·서원대·한서대·김포대·경희대·서울여대 등의 학부와 경희대·중앙대·동국대·건국대 언론대학원 등에서 강의했다. 한국출판학회 사무국장, 한국언론학회 이사 역임. 1996년도에 한국출판평론상을 수상한 이래 출판평론가로도 활동하고 있으며, 현재 세명대학교 미디어창작학과 교수, 대한출판문화협회 저작권상담실 전문위원으로 활동중이다.

주요 논문
- _ "저작권 보호와 국내 출판물 유통에 관한 연구"(석사학위논문, 1994. 8.)
- _ "출판권 행사에 따르는 새로운 문제에 관한 고찰", 「'95출판학연구」(1995. 12.)
- _ "도서의 대여권에 관한 고찰", 「출판연구」 제7호(1995. 12.)
- _ "베스트셀러, 향기의 이름 혹은 악취의 이름"(한국출판평론상 수상작, 1996)
- _ "출판의 자유와 한계에 관한 시론적 고찰", 「출판연구」 제9호(1997. 12.)
- _ "광고의 저작물성과 저작권 침해요소에 관한 연구", 「'98출판학연구」(1998. 12.)
- _ "한국에 있어서 세계무역기구(WTO) 가입 전후의 출판상황에 관한 연구", 제3회 한·중출판학술회의(중국 북경, 1999. 1.)
- _ "한국에 있어 출판산업의 기술적 진보와 저작권", 제9회 국제출판학술회의(말레이시아 쿠알라룸푸르, 1999. 9.)
- _ "인쇄매체의 전자화 양상에 따른 커뮤니케이션 패러다임 비교 연구", 「'99출판학연구」(1999. 12.)
- _ "뉴 미디어의 기술진전과 저작권 보호에 관한 연구"(박사학위논문, 2000. 2.)
- _ "저작권법상 출판권의 문제점과 개선방향", 「한국비블리아」(2001. 12.)
- _ "WTO 가입이 한국출판산업에 미친 영향", 제5회 한·중출판학술회의(중국 북경, 2002. 10.)
- _ "출판의 해외진출에 따른 유통 및 저작권", 한·중·일 출판학술 심포지엄(서울, 2003. 12.)
- _ "저작권 보호가 민족문화 발전에 미치는 영향", 제11회 국제출판학술회의(중국 무한, 2004. 10.)
- _ "독서력 측정 도구 개발을 위한 기초 연구", 「한국출판학연구」(2005. 6.)
- _ "한국 국민 독서의 새로운 변화와 추세", 제7회 한·중출판학술회의(중국 북경, 2005. 8.)

주요 저서

_ 『출판저작권 현장연구』(타래, 1994)

_ 『현대출판론』〈공저〉(세계사, 1997)

_ 『책―베스트셀러, 향기의 이름 혹은 악취의 이름』(이채, 1999)

_ 『저작권법의 해석과 적용(개정판)』(삼진기획, 2000)

_ 『출판@디지털 커뮤니케이션』〈공저〉(이진출판사, 2001)

_ 『텍스트, 커뮤니티 그리고 출판』(삼진기획, 2001)

_ 『책 든 손 귀하고 읽는 눈 빛난다』(박이정, 2004)

_ 『매스미디어와 저작권』(이채, 2005)

_ 『한국저작권법개설』(이채, 2005)

_ 『유비쿼터스 시대의 저작권 상식 100문 100답』(KT문화재단, 2005)

디지털 미디어 시대의 저작권(Copyright of Digital Media Age)

초판 1쇄 인쇄 / 2005년 10월 25일
초판 1쇄 발행 / 2005년 10월 31일

지은이 / 김기태
펴낸이 / 한혜경
펴낸곳 / 도서출판 異彩(이채)
주소 / 135−100 서울특별시 강남구 청담동 68-19 리버뷰 오피스텔 1110호
출판등록 / 1997년 5월 12일 제 16-1465호
전화 / 02)511-1891, 512-1891
팩스 / 02)511-1244
e-mail / yiche7@dreamwiz.com
인쇄, 제본 / 신흥문화사
출력 / 에스포
ⓒ 김기태 2005

ISBN 89-88621-62-X 03010